無へ

禅・美・茶のこころ

泉田宗健

文英堂

無へ

禅・美・茶のこころ

文英堂

はじめに

達磨《だるま》は、**世の中はカラッポ**と言った。

これは仏心天子《ぶっしんてんし》と言われた梁《りょう》の武帝《ぶてい》が、「**真理とは何か**」、と質問した時の答えである。達磨は武帝にその真意が伝わらないとみるや、すぐに長江《ちょうこう》を渡り魏《ぎ》の国に去った。

以前、私はある地方で坐禅会を受け持っていた。会にはその地の政治家と称する人も来ていたが、ある日遅刻をして来た。

やがて坐禅をやり始めた。そこまでは良かったが、そのうちに胸のポケットから書類を出して、目を通し始めたのである。心をカラッポにするために来たはずであるのに、こともあろうに俗中の俗のことを頭の中につめこもうとしている。私は、坐禅中の全員に策励《さくれい》をし、その場かぎりで坐禅会を解散した。

武帝もこの政治家も、カラッポになれなかった。禅を学ぶ機がまだ熟していなかったのである。

松源院では、月に一回の坐禅会をやっている。

参会者は十名たらずであるが、午後三時頃に来て、庭の草取りや禅堂の掃除などをやり、五時から一時間の坐禅、六時よりお粥《かゆ》と梅干しだけの簡素な薬石（夕食）を戴《いただ》き、その後大きな囲炉裏ばたで私が御抹茶を一人一人に点てて差しあげる。これで、その日の坐禅会は終わる。

たったこれだけのことであるが、遠く広島から新幹線、北海道からは飛行機で、こんな奈良の山中まで坐禅に来る人がいる。

彼らから坐禅をしたいと申し入れがあった時、私はそんな遠方から来るに及ばない、どこでも坐禅をするその時、その場が絶対境となる、近くに禅寺があるはずだから、そこで参禅をするようにすすめた。しかし、結局ここに来て坐禅をやり、その日のうちに帰ってゆく。

他の会員たちも、土地の遠近はさることながら、世間の荒波の大海を航海するに似て、**日常のさまざまな柵《しがらみ》を乗り越え、うち捨てて来ている**。

この現実を見るにつけ、鎌倉時代の若き禅僧たちが万里の波濤《はとう》を越えて当時の中国の宋《そう》にわたり、禅を学び持ち帰ったことの熱情を思うのである。

共通するのは、**カラッポになることに対する熱い願心**である。

禅はこのカラッポになること、すなわち**無我《むが》という真理を我がものとすること**を第一歩とするのである。無我になることによって、反対に相手の存在もまた絶対的真実として、「美」をまとって、私たちの目の前に姿を現してくる。埃《ちり》をぬぐいさり、磨きに磨きあげた鏡には、それまで見えなかった対象物の隅々までがハッキリと映しとられるように。

同時に、**無我という絶対平等の立場から、他者に対する大慈悲心を根底とする道徳的善の心も湧いてくる**のを覚えるであろう。

禅には**真・善・美**がそのまま全部詰っているのである。

私は、この本では、「美」というものに主眼を置くことにした。

禅と言うと何か堅苦しく感じる人もあるかも知れないが、禅が日本の芸術全般にわたって大きな影響を与えていることに対して、余地をはさむことは出来ないであろう。

「美にひたる」という一章を設け、他の文章もそうした観点からのものが多いのも、**「美しいもの」の中で禅に親しんでもらいたい**、という私の思いからである。

したがって、禅について初めて触れる人は、第一章のあと第五章、ついで第四章と逆に読んでいただいた方が良いであろう。第二章はいささか専門的になるが、禅に興味を持ち始めた人には、どうしても知っておいてもらわなくてはならぬものである。

このような本を出版するお話を、文英堂会長益井欽一氏から戴いてから、かれこれ八年近くも経過してしまった。

私は禅門を叩く時に、それまでの書籍類やノートや、幼い頃からの写真も全て焼却した。もはや文章を書くなどというような俗事とも無縁であろうと思っていた。浅学のうえ、記憶力が乏しいのに、話の材料となるべき手段を失って、手元には何も残っていない。

そのうえ、禅は不立文字《ふりゅうもんじ》といって、真理はとうてい文字言句で表現できるものではないと表明しており、〝黙〟によろしい、という。

そんなことがあって、どうしても筆が進まなかったのである。

しかし、何も言わなかったら、禅者としてこれまた愚の骨頂であろう。

幸い編集部の西田孝司氏が、私のあちこちに書いてあったものを寄せ集めてくれて、改めて多くの人たちの眼に触れるように、このような立派な本にしてくださった。

出版をすすめてくださった益井会長ともども厚く御禮申し上げる次第である。

平成十七年一月

阿騎野にて　泉田　宗健

もくじ

五　わが庵

一

禅との出会い

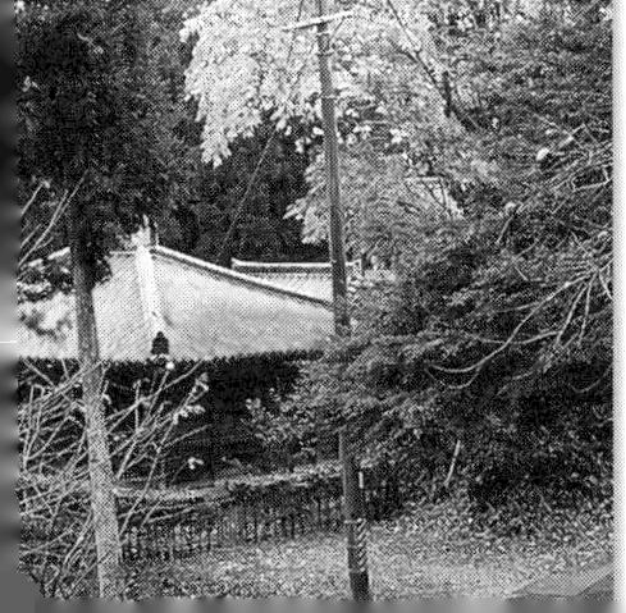

◆大学紛争のはざまで

「人生は闘争ですね」と私がなに気なく言った時、師の怒髪天《どはつ》を突くような声が、頭から落ちて来た。

「馬鹿者！　そんなことを言っているから、世の中不平不満ばかりなんだ！」

昭和四十年前後は政治の季節であった。私が通っていた東京の大学構内でも思想を異にする集団の間で、激しい暴力が繰り返されていた。

ある日、椅子や机でうず高く積まれたバリケードのある小さな入り口から、構内の事務所に行って用をたしていると、そこへ一人の学生がよろよろと前にのめるようにして入って来た。見ると後頭部の髪が血のりで固まったようになっていて、なおどす黒い血を吹き出していた。

しかし、周りにいた者たちは、そういうことにもう馴《な》れっこになっているのか、誰も助けの手を差しのべようとはしなかった。闘争の渦に巻き込まれたくなかったのである。

その時、私に突然、死というものが目の前に大きくつきつけられた。**死の恐怖**である。

私は自問した。自分には果たして、死を乗り越えてまで政治の変革に邁進《まいしん》するほどの勇気があろうか。また、今の政治革命が自分の死に値するほどのものであるのだろうか。

それと同時に私にはまず自身の問題として、死の恐怖から逃れることが先決なのではないかと思われた。もし私の死が目前に迫ったとして、誰がそれを止めてくれることができるだろうか。父でも母でも、あるいは愛すべき人であろうとも、この死をとどめられない。誰がこの死へとひた走る孤独の身を、引き受けてくれるというのだろう。それは自分で、自分自身が決着をつけてゆかねばならぬことである。

死への恐怖を克服できないようであるならば、何をやっても中途半端で終わるだろう。アンガージュマン（政治参加）は、死から自由の身になってからだ。そうでなければ、自らの行為はいい加減なものになってしまう。そうして、**死の克服**という営みは、すさまじい**孤独との戦い**ともなるであろう。

◆芭蕉《ばしょう》の生きざまにふれて

ちょうどその前後であったか、私は近世文学の泰斗《たいと》である暉峻康隆《てるおかやすたか》先生の、芭蕉《ばしょう》（一六四四〜一六九四）の講義を聞く幸運を得ていた。

先生は**芭蕉の生きざま**を、**「孤独」**と**「寂寥《せきりょう》」**という言葉でもって、説明されていたように思われた。先生の講義は当時の私にとって、救世主《きゅうせいしゅ》のように映ったのである。

その芭蕉の句に、

雪の朝《あした》　独《ひと》り干鮭《からさけ》を　噛《か》み得《え》たり　（東《あずま》日記）

がある。

芭蕉が三十七歳の時、弟子であった鯉屋杉風《こいやさんぷう》（杉山杉風）の尽力によって、騒々しい雑多な魚市や、享楽《きょうらく》の巷《ちまた》であった日本橋から、閑静な隅田川《すみだがわ》河畔の深川《ふかがわ》森下町（ともに東京都）の庵《いおり》に移った。庵と言っても、生簀《いけす》の番小屋を少々改造しただけのもので、泊船堂《はくせんどう》と名づけられたが、これはその折の句である。延宝九年（一六八一）のことである。

あばら屋の中で、雪の朝の冷たい頬《ほお》をさすようなピンと張り切った空気の中で、寂々《じゃくじゃく》と一人黙然《もくねん》として干鮭を噛《か》みくだいている。昨夜からの雪が庵のすき間から吹き込んで、ところどころ薄く積もり、それがキラキラ光る。

寒くて震えるからそうなっているのか、干鮭を噛んでいるからなのか、歯の音を鳴らさせている芭蕉がそこにいる。

二十九歳で貞門《ていもん》や談林《だんりん》の俳諧《はいかい》にあきたらず、郷里の伊賀上野《いがうえの》（三重県）を出てから七年余りであったが、江戸での世俗的な関わりを捨てたのである。まだ門人も多くなかったが、生活を切りつめて、革新的な俳諧の独自性を目指しつつある姿勢がこの句から読み取れるようである。

芭蕉は我が身の外にある不要なものを捨て去って、言わば**求道的に生きること**の決心を示しているのではないのか。

求道的に生きるには「孤独」と「寂寥」とを甘んじて受け入れてゆかねばならない。芭蕉は四年後の四十一歳の時の『野ざらし紀行』の冒頭で、

野ざらしを　心に風の　しむ身かな

と詠んで、その胸の覚悟を表明する。

「野ざらし」とは野に行き倒れ、雨風にさらされて白骨化《はっこつか》した髑髏《しゃれこうべ》のことである。芭蕉は自分がそうなることを、暗くて熱い心もちで覚悟しながら旅に出るが、その身にいよいよ秋の風が沁《し》みわたってくる、というのである。

ここでも**孤独**であることの切なさが、ふつふつと伝わってくるが、それを一気に裁断するような強靭《きょうじん》な意志の力を感じさせるのが、次の文章である。

富士川のほとりを行くに、三つばかりなる捨子《すてご》の哀《あわれ》げに泣くあり、この川の早瀬にかけてうき世《よ》の波をしのぐにたえず、露ばかりの命まつ間と捨置《すてお》きけむ、小萩《こはぎ》がもとの秋の風、こよひや散るらん、あすやしをれんと袂《たもと》より喰物《くいもの》なげてとほるに、

猿を聞く人　捨子に秋の　風いかに

いかにぞや、汝《なんじ》父に悪《にく》まれたるか、母にうとまれたるか。父は汝を悪むにあらじ、母は汝をうとむにあらじ。唯《ただ》これ天にして、汝が性《さが》のつたなきを泣け。

富士川のほとりを行くと、かたわらに打ち捨てられた三つくらいの捨て子が動く力もなく、弱々しい声で泣いている。音を立てて流れる急流のような無常のこの世を、とても耐えしのぶことなどはできまい。露が草の葉からポトリと落ちるようなわずかな時間の命であり、萩の花が秋風でハラハラと一夜にして散ってしまうようなはかない命だ。

明日にはもう死んでいるかもしれないと思うと憐憫《れんびん》の情が湧き、着物の袖《そで》の中に入っていた食べものを投げ与えて通り過ぎる時に、

猿を聞く人　捨子に秋の　風いかに

と詠んだ。

昔、中国の詩人の李白《りはく》や杜甫《とほ》は、猿の長く尾を引いて鳴く声に、自分たちの人生の孤独であることの悲しみや惨《いた》み、寂しさを重ね合わせて聞いて涙をぬぐったものであったが、ここには実際の人間でありながら捨てられた子が、秋の冷たい風に吹かれながら泣いている。

この無慈悲《むじひ》の風を、捨て子はどう感じとっているであろうか。そしてこの現実をどうしたら良いのか、中国の偉大なる詩人たちよ。

芭蕉の強い思い入れの文は続く。

捨てられた子よ、お前は父や母に憎まれたのでも嫌われたのでもない。ただ、これはお前さんの天から与えられた宿命だ。人間の智恵――人智ではどうにもならぬ。運命が、運が悪かったのだ。そのことの巡《めぐ》りあわせを泣け！

芭蕉は断腸《だんちょう》の思いで捨て子を横目で見ながら、傍《そば》を過ぎるのである。

明日をも知らぬ我が身の人生も、捨て子とどのくらいの違いがあるというのだろう。**あるがままを受け入れてゆかねばならぬ**。人生とはなんと孤独と寂寥とに満ちているものであろうか。

孤独と寂寥を打ち破ってゆくには、**「汝が性のつたなきを泣け」**と言い切った殺人刀《せつにんとう》とも言うべき強い意志が必要であった。

その背後には**「死の解決」**があったはずである。

芭蕉は「雪の朝　独り干鮭を　噛得たり」と詠んだ翌元和《げんな》二年（一六八二）頃から、鹿島《かしま》神宮の西にある禅宗の根本寺《こんぽんじ》（茨城県）の仏頂《ぶっちょう》和尚に参禅《さんぜん》をしていたが、弟子の宝井其角《たからいきかく》が「仏頂和尚に嗣法《すほう》して、ひとり開禅の法師といはれ」と言っているから、いつの頃か仏頂和尚の教えを受けついで、**生死は超脱《ちょうだつ》**していた。

たとえ『野ざらし紀行』の頃には、悟境に達していなくても、その近くまでには行っていたのであろう。そうでなければ、あのような「野ざらしを　心に風の　しむ身かな」や「猿を聞く人　捨子に秋の　風いかに」といった俳諧《はいかい》を詠めるはずはない。

◆禅門を叩《たた》く

そうした芭蕉の境地を知った私は、自分も**「禅」**というものを少し勉強してみようではないか、と思い立ったのである。

しかし、強い願心があったわけではない。ただ、ふらりと京都の**大徳寺《だいとくじ》**の門を叩《たた》いたのである。因縁があって、大徳寺山内の徳禅寺《とくぜんじ》住職の立花大亀《たちばなだいき》老師のお世話になることになった。

それまで毎日昼まで寝ているようなグータラな生活の繰り返しであった身に、突然朝四時半の起床は辛《つら》かった。早春でまだ寒い。毎朝、眼を覚ますたびに、今日でやめようか、明日はやめようかと思うような日々であったが、そうしているうちに禅寺の生活が見えてきた。

朝は五時から本堂での読経《どきょう》に始まる。続いての粥座《しゅくざ》（朝食）は、茶粥《ちゃがゆ》に梅干しのみであったが、茶粥は私たちの読経の間に、寺男の爺《じい》やが作ってくれているのである。寒い時の茶粥は、冷え切った身体を暖めてくれて救われる思いであった。

終わると茶礼《されい》があった。師匠が抹茶《まっちゃ》を手ずから点《た》てられたが、時々、短期間の修行目的の青年があって五、六人になることもあったが、それでも必ず一人一人に茶を点てられることに変わりはなかった。この時間、師匠は茶の湯の話やお能《のう》の話をされることがあった。

禅寺の世界に疎《うと》かった私には、大変刺激的であった。そしてここには混乱を極める現実の騒々しい生活とは反対の、**静かな生活**があるということも、おのずと理解できてきた。

昼食は斎座《さいざ》と言って、素《す》うどんのみであった。夜の薬石《やくせき》（夜食）は一汁一菜《いちじゅういっさい》である。

八時半になると、仏法の守護神である韋駄天様《いだてんさま》に短いお経をあげて、これで一日が終わるのである。

その後、師匠がまず開浴（風呂）をし、それに弟子が続く。これからがようやく、自分の自由時間になるのであったが、読書などはもってのほかで、眠るだけで精一杯であった。

一か月、二か月、半年と過ごしているうちに、ここには寺であるのに法事や葬式がないことに気がついた（こういうものがあったならば、私はすぐにでも飛び出していたに違いない）。

師匠はと言えば、一か月に四日間ほど、東京を中心に禅の講義に出かけるのみで、その他は政財界人や茶の湯関係の人たちとの交誼《こうぎ》が多かったようである。

私はと言えば、毎日、終日作務《さむ》（労働）ばかりであった。

師匠と共に大徳寺の境内に出て、草取りから観光客の食い散らかしたゴミの片付け、観光用トイレや大徳寺の東側にある名ばかりの有栖川《ありすがわ》のドブ清掃、あちこちに残っていた松や杉の大木の根っこ起こしなどなんでもやった。そこで**自然とのつきあい方**を学んだのである。

たとえば、有栖川は、普段はあまり水が流れておらず、異臭を放っているような所で、ゴミを熊手《くまで》でさらっても、なかなかきれいに取れなかった。しかし、大雨の時には洪水《こうずい》のようになるので、雨中の川に入って、上下ずぶ濡れになりながら、川の上から下まで百メートルほど熊手を動かしてゆくと、ほとんど力を要することなく、水がゴミやドロを流してくれるのであった。たちまちにして、きれいになってゆくドブ川を見て、自然の力の偉大さを思い、また有難いと感謝したものであった。

師匠のところにお世話になった頃、大徳寺では、千利休《せんのりきゅう》像を安置している山門の解体修理が行われていた。茶の湯の大成者**千利休**（一五二二〜一五九一）は自身の木像を山門に置いたことが、太閤秀吉《たいこうひでよし》の怒りをかって賜死の原因となったとも言われる。この山門にも毎日、師匠と共に掃除に出かけた。

大工さんが鉋《かんな》で板や柱を削る木屑《きくず》を、落ちてくるそのあとから箒《ほうき》で掃いたりしていたこともあった。私は命じられるままにやったのだが、こちょこちょと大工さんのまわりにまとわりついているようで、仕事をしているあの時の大工さんの気持ちは、怒鳴りつけたいほどであったに違いない。でも、まさか大徳寺山内の住職に向かって、怒るわけにはゆかなかったであろう。

山門の近くでそんなことをやったりしていると、すぐ横の本坊《ほんぼう》に向かう参道を美しく着かざった老若男女が、三三五五歩いて行く姿もよく見かけるようになった。と言うより、気づくようになったと言えようか。

皆、山内のどこかの塔頭《たっちゅう》で開かれている茶会に参加する人たちであった。

春、そのような風景を目にすると、私はいつも、

あはれ花びらながれ
をみなごに花びらながれ

をみなごしめやかに語らひあゆみ
うららかの跫音《あしおと》空にながれ
をりふしに瞳《ひとみ》をあげて
翳《かげ》りなきみ寺の春をすぎゆくなり
み寺の甍《いらか》みどりにうるほひ
廂《ひさし》々に
風鐸《ふうたく》のすがたしづかなれば
ひとりなる
わが身の影をあゆまする甃《いし》のうえ

という三好達治《みよしたつじ》の詩「甃《いし》のうへ」(『測量船』所収)を口ずさんだものだ。そのような時、「寺は生きている」と実感した。寺は黒い喪服《もふく》の占領するところではなく、むしろ**華麗**《かれい》**で生き生きとした気を孕**《はら》**むところ**、すなわち**生きた文化**のあるところであると。**禅とは**、仏教とは、死者のためのものではなく、**即今、活発発地に生きる人のためのもの**であったのだ。

◆禅への決断

冒頭の「人生は闘争ですね」という疑問は、そんな或る日に発せられたものであった。

三年後に、これからどうするのだと師匠に言われ、「弟子にさせて下さい」とお願いをした。間もなく、私は専門道場に行かせて戴《いただ》くことになり、十数年修行するうちに、「人生は闘争ですね」という疑問はおのずと氷解《ひょうかい》した。

すなわち、「闘争」などと言うことは、夢のまた夢の中の出来事にすぎなかったのだ。

中国・唐《とう》時代の禅の故事がある。

龐居士《ほうこじ》が石頭《せきとう》禅師に尋ねた。

「万法《まんぼう》と侶《とも》たらざる者、是れ甚麼人《なんびと》ぞ」

「万法」とは、この宇宙にあるありとあらゆるもののことで、それらには、それぞれ隣り合わせの「侶」がある。たとえば、天と地、山と川、男と女、生と死、善と悪、貧と富、是と非、そして問題の闘争と平和などというように。

この世の中は二元対立、相対の関係から成り立っているのである。それゆえに、世俗の人々は悩み苦しむ。

一方が良いと言えば、他方に誰か必ず悪いと言う者が出てくる。自分は正しいと言うけれども、それは間違っていると必ず反論してくる他者がいる。そこからお互いに疑いが高じて、ついには争いに及ぶ。この対立概念のあるところ、必ずそうなる。

龐居士《ほうこじ》は「そのような二元的相対的なものではなく、それらを超越した絶対的な〝一〟なる世界に生きる人とは」と問うたのである。

すると石頭は間髪《かんはつ》を入れずに、龐居士の口を手でもってグッと圧《お》さえて塞《ふさ》いでしまった。その瞬間、龐居士は自分の中の絶対者〝一〟に気づいたが、そこにこそ闘争などというきな臭い俗臭《ぞくしゅう》ふんぷんたる二元的相対的な世界は跡形もない。

一切のものに心を動かされない**安心立命**《あんじんりゅうみょう》**の境界**《きょうがい》があるのみである。これによって、龐居士は心のあるがままに自然にふるまう**遊戯三昧**《ゆげざんまい》の生活が保障された。

禅は、まさに安心立命の境界から始まるのであるが、師匠に怒鳴られた当時の私には、「**理屈をいうな**」「**言挙**《ことあげ》（**言葉に出して言いたてること**）**をするな**」という禅の本意など知るよしもなかった。

二

禅をたどる

一　禅の源流――釈尊《しゃくそん》

◆はじめに：「見性《けんしょう》」と「以心伝心《いしんでんしん》」

「禅」とはインド・サンスクリット語の「ディヤーナ」を、中国で「禅那《ぜんな》」と音写したものを省略した語である。訳して「静慮《じょうりょ》」という。つまり、心を一境（ひとつの所）に置き、散乱させず静かに慮《おもんばか》ることである。禅の世界では、坐禅《ざぜん》をやり静慮することによって、「人間（自己）の本性そのものが仏である」とわかる。これを「見性《けんしょう》」という。見性ができてはじめて、自己というものが本来「無」い、「空《くう》」であることを知り、ついで、自己と森羅万象《しんらばんしょう》とがことごとく、実は「ひとつ」であった、ということも理解できるようになる。

釈尊《しゃくそん》（釈迦《しゃか》、紀元前四六三～三八三）が坐禅によって無の境地に深く入り込んだ時、偶然に目に入ってきた暁《あ》けの明星《みょうじょう》と自分とがひとつであり、「ああ、自分が空《そら》に輝いている」と驚嘆した。この時、釈尊は、自己と他者とが、別物でないことを知ったのである。

その時の釈尊の姿が**坐禅**であった。この姿形は釈尊よりもずっとずっと以前から、インドの修行者たちによってヨーガのなかに取り入れられていた。ヨーガには、坐《すわ》るほかに、逆立ちをしたり、四つんばいになったり、立ったり、寝たりと、いろいろなスタイルがあるが、結局は坐禅の形が一番安定し、したがって心をひとつの所に置くのに最適であるということを、釈尊は体験的に知ったのである。それゆえに、釈尊はそれまでの苦行を捨てた時、坐禅を修行の中心に置いたのであった。

釈尊は、坐禅によって悟《さと》り（正覚《しょうがく》）を得、その心境を弟子たちにいろいろな方法で語り始めたが、最後の真理だけは、言葉によってはいかんともしがたく、その境地を伝えるには、言葉ではなく、互いに気持ちを通じあう「**以心伝心**《いしんでんしん》」しかなかった。このような方法で、釈尊は自分の心境や真理を弟子に伝え、それは後世の弟子たちにも引き継がれることになった。

禅宗では、釈迦十大弟子の一人、**迦葉尊者**《かしょうそんじゃ》（摩訶迦葉《まかかしょう》）が特筆される。迦葉尊者は、釈尊入滅の後も、教団の統率者として第一回目の経典結集《けつじゅう》を行うなど、弟子たちの中で、最も信頼が厚かったとされる。釈尊は、幸いにもこの人物を得て、禅の眼目である「以心伝心」の精神を後世に伝えることができたのである。

禅は、インドの**菩提達磨**《ぼだいだるま》（?〜五二八）によって中国に伝えられたので、中国や日本では菩提達磨が禅の初祖《しょそ》とされているが、禅の萌芽は遠く釈尊の時代にすでにあった。

◆釈尊の出家

釈尊は、**釈迦牟尼世尊**《しゃかむにせそん》（シャーキヤ族出身の聖人）の略称で、**ゴータマ・ブッダ**とも言われる。ゴータマは、「聖なる牛」の意であり、ブッダは「**仏陀**」で、悟りを得た人ということである。紀元前四六三年四月八日、北インド迦毘羅《かびら》城の浄飯王《じょうぼんおう》と麻耶《まや》夫人との間に生まれた御子で、現在のネパール地方のルンビニー園で麻耶夫人の脇の下から生まれたと言われる。その時、釈尊は右手を上に、左手を下にして開口一番、「**天上天下唯我独尊**《てんじょうてんげゆいがどくそん》」と言いはなった。毎年四月八日の花祭りに、桜の花に荘厳《しょうごん》された〝天上天下唯我独尊の姿〟を形どった釈尊の像に甘茶《あまちゃ》を捧げるのは、この因縁による。

釈尊は、長ずるに及んで、ヤショーダラ姫と結婚して、一子を授かったが、その時、釈尊の口から思わずついた言葉が「ラーフラ」であった。近くで聞いた者が、それが御子の名前だと思って、以後、その子を「ラーフラ」と呼んだ。中国ではそのまま音写されて「羅睺羅《らごら》」といったが、「ラーフラ」の意は「覆障《ふくしょう》」であって、おおいさまたげられること、束縛という意味である。――「ああ、子どもが生まれた。これでまた、自分の自由が束縛される、自由がなくなっていく」。釈尊は、この頃からすでに絶対的な自由を得たいと思っていたのである。

そういう釈尊が、ある日、自分の住んでいる迦毘羅城の周りを歩いていた時のことである。

当時の町は、城の周りを城壁が囲み、四角の形をしていた。その城壁の一辺一辺には門が設けられ、合計四つの門があった。見ると、一つの門には、生きていることの苦しみ、生まれることの苦しみを呈している人がいる。一つの門には、年老いて苦しんでいる人がいた。また、一つの門には病気になってもがき苦しんでいる人がいる。一つの門には死んでいく人がいた。釈尊は、これら「**生老病死**」に苦しむ人々を見て、世の無常を痛切に感じ、出家を決意した。そして、彼は愛するヤショーダラ姫とわが子ラーフラを捨て、城を出て山の中に閉じこもり、断食などの苦行に入った。釈尊が二十九歳の時である。

釈尊は、その後六年間、摩掲陀《まがだ》地方で苦行を続けることになるが、悟りは得られず、ブッダガヤの近くの尼連禅河《にれんぜんが》のほとりで行き倒れてしまった。命果てると思ったが、たまたまそこに近くの村のスジャータという娘が通りかかって、乳粥《にゅうしゅく》を恵んでくれた。再び生気を取り戻した釈尊は苦行をやめて、河畔のガヤのピッパラ樹の下で坐禅に入るのである。

◆乳粥《にゅうしゅく》と五味《ごみ》

乳粥と言うと、涅槃経《ねはんぎょう》の五味が思い出される。ゴータマは「聖なる牛」であり、インドでは牛は聖なる動物である。その牛の乳の熟《じゅく》してゆく段階を**涅槃**（悟り）にたどりつく過程に譬《たと》え、

（一）乳味《にゅうみ》（牛乳）
（二）酪味《らくみ》（ヨーグルト）
（三）生酥味《しょうそみ》（生バター）
（四）熟酥味《じゅくそみ》（精製バター）
（五）醍醐味《だいごみ》（精製バターをさらに純化させた最高に美味なるもの。これを食べれば万病が治ると言われる）

としている。これは天台宗で釈尊の説法を年次順に五つに分けた「五時」の教え、すなわち、

（一）華厳時《けごんじ》（釈尊が大悟成道《たいごじょうどう》した時のエッセンス。高弟にしか理解できない）
（二）阿含時《あごん》（「鹿苑時《ろくおん》」とも言う。華厳時よりやさしく説いた時期）
（三）方等時《ほうどう》（自己の悟りを第一とする出家者中心の教えである小乗《しょうじょう》よりも、自分は無論、すべての人間を平等に救済して悟りに導こうとする大乗《だいじょう》を良しとする時期）
（四）般若時《はんにゃ》（大乗や小乗の差別がないとする時期）
（五）法華涅槃時《ほっけねはん》（仏教を理解することのできる機が熟して来たので、仏教の真理をすべての人々にわかりやすく説いた時期）

に比せられるのである。

◆悟り——大悟正覚《たいごしょうがく》

釈尊が坐禅に入られたのは十二月一日のことであった。坐禅すること一週間、ついに八日未明の暁《あ》けの明 星《みょうじょう》を見て大悟正覚する。

釈尊が坐禅している自分も、周りを取り囲む環境もすべて無くなって、ふと目をあげると、暁けの明星が自分の中に飛び込んできたのである。

その時、釈尊は見ている自分と見られている明星とが、ひとつになった。明星が自分であり、自分が明星である。

私にもこれと似た体験がある。

栃木県那須《なす》の雲巌寺《うんがんじ》は、山の中に深く隠れるようにしてある禅道場である。

托鉢《たくはつ》は、ところどころに点在する民家を訪ねて、山から山へと渡り歩くのであった。脚絆《きゃはん》に草鞋《わらじ》をはき、歩きやすいように衣《ころも》をたくし上げ、網代笠《あじろがさ》をかぶり、「ホオー、ホオー」と大きな声をゆっくりと息を長くはき出しながら行くのである。ある時、何かのひょうしに、目深くかぶった網代笠が少し上に向いた途端に視界が広がり、連なる山々やその下に広がる畑や田んぼの外の景色が、一気に私の腹の中に入りおさまってしまった。

おかしなことに、私は腹の中の景色を見ているだけであるのに、同時に外の景色も見ている。

腹の中の（見られる）景色とそれを映す（見る）もの、すなわち外界と自分とが一緒になっているのである。山が私であり、私が山――この不思議。

どうしてこのようになったのか。

托鉢をしている時、私は全く**無心**になり（釈尊が坐禅をしていた時のように）、心が鏡のようになったところに、外界の景色が入ってきて、そのままの姿を映し出したということである。その結果、その景色は姿や形は前と同じであっても、昨日の景色とは全く違う。分別心が入っていないのである。だから、見るたびに全てが新鮮である。この驚きと感動。日に新たに、日に日にまた新たに、である。新しい世界の、新しい自分の誕生であった。

釈尊が暁けの明星とひとつになった、ということは、このようなことではないかと私は思っている。その時、釈尊は歓《よろこ》びの一声を発するのである。

「不思議なことである。生きとし生けるもの、ことごとく皆、如来の智慧徳相《ちえとくそう》を持っている。しかしながら、多くの人々は妄想執着《もうそうしゅうちゃく》があるために、仏になることができないでいる」と。**衆生《しゅじょう》本《ほん》来《ら》仏《ほとけ》**なりで、人間の種族、階級にかかわらず、一木一草に至るまで、みな仏である。過不足のない、それぞれの宇宙の絶対的な存在である、ということに覚醒《かくせい》したのであった。

これによって釈尊は、出家する動機となった**生老病死**に代表される人生の無常の苦悩から抜け出すことができた。生も死も、それがそのまま絶対的な一時の位にすぎない。そのことについて、真に納得（悟り）したのである。このようにして釈尊は、坐禅を始めてから一週間後の十二月八日の未明に、大悟正覚（悟り）する。

釈尊は、ピッパラ樹の下で坐禅をしたが、この後、この樹を菩提樹《ぼだいじゅ》という。菩提は悟りの意である。これより、釈尊は亡くなる八十歳までの四十九年間、各地を巡り、人々に語り続けることになる。それは、経《きょう》にして五千四十余巻とも、八万四千の法門とも言われている。

紀元前三八三年二月十五日、釈尊は信者の鍛冶屋《かじや》チュンダに毒をもられ、クシナガラの沙羅《さら》双樹《そうじゅ》の林の間で入滅《にゅうめつ》した。最後の言葉は「我、四十九年一字も説かず」であった。

◆説法活動――摩訶迦葉《まかかしょう》との出会い

釈尊は、初転法輪《しょてんぽうりん》（最初の説法）のあと、山の頂が鷲《わし》に似ている霊鷲山《りょうじゅせん》で説法をした。霊鷲山は中インドのシャイラギリにあり、耆闍崛山《ぎじゃくっせん》ともいう。

その山へある日、梵天王《ぼんてんのう》が来て、美しい金婆羅華《こんぱらげ》の花を釈尊に献上し、身を低くして、ここに集まっている百万の群集のために説法を垂れたまえ、と願い出たのである。

大衆は、今日はどのような説法をなされるのであろうかと、固唾《かたず》をのんで待っていた。

釈尊は黙って金婆羅華を持って獅子座《しざ》に登り、百万の大衆の前で一言も発せずに、その一本の花をただスーっと指し示されただけであった。これはどういうことなのか、その理由はどうなのか、花はいったい何の花なのか。あるいは釈尊のその様子が、「天地と我と同根、万物と我と一体」の趣であるとか、はたまた、美しいものはそのままに美しく、見るものは、見るもののそのものになり切っているとか、などと分別《ふんべつ》顔して釈尊のこの行為への疑問やくだらぬ意味づけは一切不用である。すればするほど、いよいよ釈尊の真実から遠ざかり、疵《きず》がつくだけである。

案の定、釈尊の真理そのままの姿に大衆は合点がゆかなかった。『無門関《むもんかん》』（宋の無門慧開《むもんえかい》が古来からの公案《こうあん》四十八則を選び評釈した書。無の境地を明らかにする）の第六則には、「是《こ》の時衆皆黙然たり」とある。一人も理解することができなかったのである。だがその時、釈尊の真意を了解するものがただ一人いた。**摩訶迦葉**《まかかしょう》（迦葉尊者《かしょうそんじゃ》）である。彼はただ、にっこりと微笑んだだけであった。智慧第一と称された舎利弗《しゃりほつ》や釈尊の説法を一番良く記憶している多聞《たもん》第一と呼ばれた阿難《あなん》ではなく、乞食《こつじき》の姿で各地をめぐり歩き、人知れず善行を行い陰徳《いんとく》を積んだ頭陀行《ずだぎょう》の第一といわれた、摩訶迦葉であったところが重要である。

「摩訶」は「大」の意で、大迦葉とも呼びならわされているが、これが、有名な「**拈華微笑**《ねんげみしょう》」

の故事である。「拈華微笑」とは、辞書風にいえば、〝仏教で、言葉では説明できない仏法の真髄を心から心へと伝えること。〟または、〝言葉を用いずに心から心へと伝えること。〟いわば「以心伝心《いしんでんしん》」のことである。禅宗の根本姿勢を示している。

普通の知恵や学問や思慮分別では、とても届かぬ世界ということである。

かつて私が師の立花大亀老師と作務（労働）をやっている時であった。来客があったと見えて、留守番をしていた爺やが師匠を呼びに来た。師匠と私の二人が目の前にならんで立っているのに、爺やは私に向かって、「師匠はどちらにおられるか」と尋ねるのである。その時の師匠はボロの作務衣をまとい、泥まみれになっている姿が作務そのものになり切っていて、あまりに自然の中に溶け込んでいたがために、生身の肉体の姿が爺やの目に入らなかったのだ。気がなくなっているのである。「見て見えず」というところか。忍者が姿を消すことができるというのも、こういうことなのか、と思ったりもしたものであった。

譬《たと》えがあまりよくないが、花を拈《ねん》じている釈尊の姿もそうであったに違いない。花と一体になってしまっていて、花丸出し、釈尊はそこに「在」って「無」い。このところは、言葉によっては言い表せない、絶対的存在、仏法丸出しのところを摩訶迦葉が素早く認めて、「さすが釈尊、なかなかおやりになりますな」と思わずにこりとしたのである。

◆釈尊の教えと禅

まさに「以心伝心」、**阿吽《あうん》の呼吸**があったところである。その境界に達した当事者同士でなければ判らないことであるが、それを見た釈尊も我が意を得たとばかりに、「吾《われ》に正法眼蔵《しょうぼうげんぞう》、涅槃妙心《ねはんみょうしん》、実相無相《じっそうむそう》の微妙《みみょう》の法門がある。これは不立文字《ふりゅうもんじ》、教外別伝《きょうげべつでん》、摩訶迦葉に付嘱《ふしょく》す」と言われたのである。これについて、解説を加える。

正法眼蔵の「正」とは、本質のこと、無の世界、絶対平等のところをいう。「法」とは本質の反対で、有の世界、この現実の絶対差別の実相のことである。「眼」は「眼目《がんもく》」などと術語されるように、一番重要なもの、またその一番大切なものを見ることのできる眼、智慧ということ。**「正法眼」で仏の覚《さと》りの眼目**をいう。この「正法」を一切見通す「眼」を「蔵」しているから、「眼蔵」なのである。

「眼蔵」は善人であろうが悪人であろうが、仏であろうが凡夫《ぼんぷ》であろうが、人々誰もが持っているもので、減ることもなく増すこともない、大宇宙の根本そのもので、**「衆生本来仏なり」**の本体である。金銀がザクザク出てくるような、そんなケチな蔵ではない。

一休宗純《いっきゅうそうじゅん》（一三九四～一四八一）は「傀儡師《かいらいし》首にかけたる人形箱　仏出そうと鬼を出そうと」と詠《うた》っているが、この人形箱が「蔵」である。カラッポのようで、しかも「正」も「法」

も何もかも入っていて、出入自由自在である。

「涅槃《ねはん》」とは梵語《ぼんご》のニルバーナの音写で、「吹き消す」の意。**人間の三毒と言われる貪《むさぼ》る心、瞋《いか》りの心、痴《おろか》な心を全部消し去り、何もかも無くなった、**不生不滅《ふしょうふめつ》の円寂《えんじゃく》（円満な寂滅《じゃくめつ》）のところである。

「妙心」の「妙」は分解すると女と少になるが、少女が成長すると、えもいわれぬほどに美しくなる。大変不思議なことで、心もまた、そのように誠に玄々《げんげん》微妙、何も無いところからいろいろな姿を変えて出てくる不思議なものである。

「実相」とは真実のこの姿。「無相」とは、この姿は本来無きものである、ということ。とは言っても、実相即無相であり、無相即実相である。

それはちょうど、水と波の関係に似ている。波は低い波もあれば高い波もある、大きな波もあれば小さい波もある。これが実相である。しかし、静まれば平らになって波のない水となる。これが無相である。その平らな水も風などにあおられれば、また大小の波と化して目の前に湧き起こってくるが、水を離れて波はなく、波を離れて水はない。すなわち、実相と無相とは離れ得ない関係にある。心もまたそのようなもので、現れたり消えたり、まさに「微妙の法門」である。

結局のところは、正法眼蔵も涅槃妙心も実相無相も、みな同じことで、心を一つに集中させた「一心《いっしん》」に帰着する。そして、ここのところこそが言葉や文字ではとても伝えることはできないために、「不立文字《ふりゅうもんじ》」と言ったり、また「教外別伝《きょうげべつでん》」と言うのである。五千四十余巻の経典によっても伝えられるものではない。「教外別伝」とは、言語による教えを越えたところに真理はある、と言うことである。

したがって、キリスト教はバイブルを、華厳《けごん》宗は華厳経、真言《しんごん》宗は大日《だいにち》経、浄土《じょうど》宗は浄土三部経、日蓮《にちれん》宗は法華経など、それぞれ拠りどころとする経典を持つが、禅宗にはこれと定まった経典はない。「不立文字」「教外別伝」を宗旨とするからである。

しかし、経典にとらわれず、どの経典でもよいから、経典そのものになり切ってゆくならば、それがそのまま、即「教外別伝」そのものともなる。逆にいえば、どれもが禅のための経典といってよい。川のせせらぎの音、小鳥のさえずりもまた禅にとっては経典である。それが禅の端的《たんてき》というものである。

禅は冷暖自知、事実体験を重視する。そういうところの絶対真実は、不立文字、教外別伝であって、もはや「以心伝心」をもってするよりほかない。

この点を摩訶迦葉《まかかしょう》が了解したので、釈尊は大法を嗣《つ》がさせんとして、百万の大衆の前で「摩訶迦葉に付嘱す」と明らかに宣言されたのである。

後日談になるが、この摩訶迦葉の次に法を嗣ぐことになる阿難《あなん》尊者がその昔、摩訶迦葉に「あなたは世尊の法を嗣がれ金欄《きんらん》の御袈裟《おけさ》を戴《いただ》かれました。確かに私もそれを目にいたしましたが、しかし、もっと神秘的なものを他に伝授されているのではないでしょうか」と質問した。摩訶迦葉は即座に「阿難」と呼ぶ。阿難はすかさず「ハイ」と答えた。そこである。ただ、それだけのことであるが、人々がよくよく考えてみることである。

こうして世尊から摩訶迦葉への「不伝の伝」は、これより二十八代目の**菩提達磨**《ぼだいだるま》にまで伝わり、中国にもたらされることになる。

二　禅宗の成立――菩提達磨《ぼだいだるま》の出現

◆悟りの後の修行

達磨《だるま》（？～五二八）は五世紀初め、南インドの香至国《こうし》の国王の三男として生まれた。長兄は月浄多羅《げつじょうたら》、次兄は功徳多羅《くどくたら》、三男の彼を菩提多羅《ぼだいたら》といった。父は敬虔《けいけん》な心の持ち主であったのであろう、釈尊より数えて二十七代にあたる般若多羅尊者《はんにゃたらそんじゃ》を請《しょう》じて仏の教えを受けていた。

三男の菩提多羅が七歳の時、国王は般若多羅尊者に説法の御礼として、玉《ぎょく》を献上したことがあった。尊者はそれをさも大切そうにして、三人の兄弟に見せた。上の二人の兄弟は、その玉のこの世に二つとない優品であることを誉め上げたが、一番末の菩提多羅は、「玉といえども無常の世の中のものであり、いつか毀《こわ》れてなくなる。また人間の執着を呼び込む元凶ともなる。それよりも清浄な鏡のような永遠なる心の方が、どんなにか素晴らしいものであろうか」といって、気にとめる風もなかった。

般若多羅尊者は感ずるところがあった。

しばらくすると国王が亡くなった。側近の者たちの悲愁慟哭《ひしゅうどうこく》は激しかったが、菩提多羅のみ泣くこともせず、遺骸《いがい》のかたわらで湛然《たんねん》として坐禅をしていた。彼は葬送《そうそう》の儀《ぎ》が終わると、すぐに般若多羅尊者のあとを追い、弟子となった。ここで**菩提達磨**《ぼだいだるま》という名を戴《いただ》くのである。

達磨はその後、尊者の膝下《しっか》で刻苦辛酸《こっくしんさん》の修行の結果、大法を継ぐのだが、すぐには内外にわたる布教活動は許されなかった。なぜなら、師の般若多羅尊者によって、「自分の死後六十七年たってから中国へ渡り、優秀な法器としての資質あるものを探し出して、自分のこの法を嗣《つ》がせしめよ」と説得されたからである。すなわち、六十七年間の**聖胎長養**《しょうたいちょうよう》をもってせよ、ということであった。「聖胎長養」とは、悟りの後の修行のことである。自分は悟った、などという滓妄想《かすもうそう》を捨てて、ただの「普通の人」になることの修行である。

日本の臨済《りんざい》禅の源流をなす大徳寺開山である**大燈国師**《だいとうこくし》**宗峰妙超**《しゅうほうみょうちょう》（一二八二〜一三三七）も、京都の五条橋下で二十年にわたって乞食の群にまじって聖胎長養を行ったが（⇩69ページ）、達磨のそれは、まことに眼のくらむほど長いものであった。源が深ければ深いほど、その流れはいよいよ長しである。私は今日、禅のなお命脈をながらえ、その法恩に預かる者として、達磨大師や大燈国師を想う時、ただひたすらに頭を垂《た》れ、己《おのれ》の出家としての卑小さを恥じるばかりである。

◆梁《りょう》の武帝《ぶてい》との問答

聖胎長養を了《お》えた達磨に、すぐれた仏の教えを広める大法挙揚《たいほうこよう》の時期が到来した。師の般若多羅尊者が指示した中国で、仏法を受容する態勢が整ってきたのだ。

達磨は南インドのマドラスあたりから、西から東に吹く風を待ちながら海路ベンガル湾を横断し、ビルマ・タイ・シンガポールをマレー半島ぞいに南下した。そして、そこから南から北に吹く風に乗って北上、ベトナムを経由し、三年ほどかかって、ようやく広東《カントン》に到着することができた。梁《りょう》の普通元年（五二〇）九月二十一日のことである。

ただちに、広東の勅使《ちょくし》が金陵《きんりょう》（南京《ナンキン》）の**武帝**《ぶてい》（四六四〜五四九）に奏聞《そうもん》に及び、十月一日、達磨は武帝に迎えられ謁見《えっけん》にのぞんだ。達磨の予想にたがわず、仏教伝来以来五百年になんなんとする中国では、信仰も学問も盛んであった。

南朝の梁の国では、武帝自らが熱心な仏教信奉者であった。「朕《ちん》は三宝《さんぼう》の奴《やっこ》なり」と袈裟《けさ》をつけ、『放光般若経《ほうこうはんにゃきょう》』を講じ、多くの寺を建て、十万人ともいわれる僧尼《そうに》を養成して「仏心天子《ぶっしんてんし》」とまで言われていた。

その武帝がインドからの珍客を迎え、法を尋ねるのである。

「私（武帝）は即位以来、仏教に対して多大な貢献をしてきた。仏教三昧《ざんまい》の日々であるが、どのような功徳《くどく》があろうか」。

武帝はこのインドの高僧から、己の布施行《ふせぎょう》の立派さを誉《ほ》めてもらい、また極楽往生《ごくらくおうじょう》間違いなしというお墨《すみ》つきを期待していたのかもしれない。しかし、達磨の答えは冷徹《れいてつ》であった。

「無功徳《むくどく》！」

名利《みょうり》の念にとらわれての心行はすべて妄想《もうそう》、それは輪廻転生《りんねてんしょう》の元凶《げんきょう》ともなる。ギブ・アンド・テイクの心もしかり。神仏に大金をお布施したところで、それが善事であろうとも、なんらかの見返りを期待してのものであったならば、それは仏の意に適《かな》うものではない。

臨済《りんざい》禅師（唐代の臨済宗開祖）の師、黄檗《おうばく》は仏前で暇さえあれば額《ひたい》をすりつけて礼拝《らいはい》を繰り返していたので、額に瘤《こぶ》ができていたほどの人であった。ある時一人の僧に、そんなに仏に向かい礼拝してどうするのだ、と問われた時、黄檗は「仏に著《つ》いて求めず、法に著いて求めず、衆に著いて求めず、礼拝することただかくの如し」と答えた。ただおがむだけ。そこには**一微《いちみ》塵《じん》ほどの利害得失や是非の念は入っていない**。そこのところが真理なのである。

武帝にはいろいろなものが入りすぎていた。そこで達磨は、「何の功徳があるか」との問いに、「何もないわい」と切って捨てたのである。

達磨は釈尊の心そのものを伝えるために、はるばるインドから中国へ、何も持たず空手《くうしゅ》にして来たのだ。そのことは真理は物にあるのではなく、我が心の中にこそある、ということの表明でもあった。経本を携《たずさ》えて来たでもなく、美しい仏像を招来したわけでもなく、そのまま身ひとつ、空手にして来た達磨が「無功徳」といった真意はそういうところにある。

しかし、武帝にはその「無功徳」といわれたことの真意を計り知ることができなかった。そこで目先を変えて、次の文章にあるように「如何《いか》なるか是《こ》れ聖諦第一義《しょうたいだいいちぎ》」と仏教上の根本問題を持ち出してくるのである。

◆「廓然無聖《かくねんむしょう》」

梁《りょう》の武帝《ぶてい》、達磨大師に問ふ。如何《いか》なるか是《こ》れ聖諦《しょうたい》第一義。磨《ま》曰《いわ》く、廓然無聖《かくねんむしょう》。帝曰く、朕《ちん》に対する者は誰《た》そ。磨云《いわ》く、不識《ふしき》。帝契《かな》わず。達磨遂《つい》に江《こう》を渡って魏《ぎ》に至る。帝後《のち》に挙《こ》して誌公《しこう》に問ふ。誌公云く、陛下《へいか》還《かえ》って此《こ》の人を識《し》るや否《いな》や。帝云く、不識。誌公云く、此れは是れ観音大士《かんのんだいし》、仏心印《ぶっしんいん》を伝《つた》ふ。帝悔《く》いて遂に使《つかい》を遣《つか》はし去って請《しょう》ぜんとす。誌公云く、道《い》うこと莫《なか》れ、陛下使を発し去って取らしめんと。闔国《かっこく》の人去るとも佗亦《たま》た回《かえ》らじ。

これは、禅に関する一級の書『**碧巌録**《へきがんろく》』の劈頭《へきとう》を飾るものである。これに従い話を進めたい。「聖諦第一義」の「**聖諦**」の「聖」は最高の理想の姿であり、「諦」は真理の意であるから、「聖諦」とは**仏教の根本義**のこと、**真諦**《しんたい》である。「第一義」とは、極意、やはり根本原理の意で、「聖諦第一義」とは、要するに**仏教の窮極**《きゅうきょく》と言ってよいであろう。これについて、東晋《とうしん》時代、死刑の宣告を受け、一週間の猶予を願い出、獄中にあって、「宝蔵論《ほうぞうろん》」を書きあげ、

四大《しだい》元《もと》主《しゅ》無《な》し
五陰《ごおん》本来空《くう》
まさに頭《こうべ》をもって白刃《はくじん》に臨めば
猶《なお》し春風を斬《き》るに似たり

と言って従容《しょうよう》として死に就いた肇法師《じょうほっし》（三八四～四一四）の解釈がある。肇法師が云うには、

此の経（大品般若経）は真俗二諦《しんぞくにたい》を明《あき》らむ。真諦《しんたい》は以《も》って非有《ひう》を明らめ、俗諦《ぞくたい》は以って非無《ひむ》を明らむ。而《しこ》うして真俗不二《しんぞくふに》、之《これ》を聖諦第一義となす。

「俗諦」は「真諦」に対するもの。真諦が非有を明らかにする、すなわち、あくまでこの世の姿形に執《と》らわれず、有にあらざる無、空の理を明確にする「**出世間法**《しゅっせけんほう》」であるのに対し、**俗諦**は非無を明らかにする、すなわち、あくまで現実のこの姿そのままが真理である、とする「**世間法**《せけんほう》」である。しかし、**真俗不二**で真諦と俗諦の二つは別ものではなく、硬貨の裏表のように、元来、同一態《たい》である。**色即是空**《しきそくぜくう》、**空即是色**《くうそくぜしき》ともいえるが、それが「聖諦第一義」である。

このようなむずかしいものを、端的に一言のもとに教えてくれと、武帝は達磨に迫ったのだ。

達磨の答えは「**廓然無聖**《かくねんむしょう》」。

「廓」は広く、からりとした様子。「然」は状況を表す接尾語。「廓然」で、カラっと晴れわたった秋の大空のように、きれいさっぱりと何も無いこと。無執着の処《ところ》ともいえようか。

「聖」は俗に対する語で、ここでは崇高《すうこう》なもの。「無聖」で、仏教における最高の理想などというものさえない。

「廓然無聖」とは、カラリと晴れあがった雲ひとつない大空のように、聖もなければ凡《ぼん》もない、況《いわ》んや「聖諦第一義」というようなものもない。肇法《じょう》師が真諦とか俗諦とか、はたまた真俗不二とかいったが、そんなものもない。屁理屈《へりくつ》はいらぬ。ただ「廓然無聖」だ。

仏教の教理に通じ、「仏心天子」といわれた武帝にも、さすがこの処《ところ》の消息を理解することができず、また次の質問を発した。

「朕《ちん》に対する者は誰《た》ぞ」—それではなにものもない（廓然無聖《かくねんむしょう》）といっているが、今こうして目の前に私に対している貴僧自身の存在自体はいったいどういうことなのだ。貴僧はインドから来られた聖人ではないのか。聖もなければ凡もないとしたら、貴僧はなんなのだ。

「磨云く　**不識**」—「知らんわい」。

仏法の根本たる本来の面目は、教理教学の理屈主義では取って掴《つか》むことはできない。**絶対否定、非思量底《ひしりょうてい》**（思いや考えが及ばないこと）であるからである。

「帝契《かな》わず」—達磨は武帝に対し、まず「無功徳」と一の矢を放ち、次いで「廓然無聖」と二の矢を放ち、最後に「不識」と三の矢を放ったが、武帝は理解することができない。

◆北魏《ほくぎ》へ—神光《しんこう》（慧可《えか》）との出会い

「達磨遂に江《こう》を渡って魏に至る」—当時中国は南北朝時代で、長江《ちょうこう》（揚子江《ようすこう》）を境に南の梁《りょう》の国と北の魏の国に分かれていた。

達磨は武帝との問答によって、帝の未熟さを知り、この国での機縁《きえん》かなわずと、十月十九日夜ひそかに長江を渡って、北の魏の国へ入り、魏の孝明帝《こうめいてい》の正光元年（五二〇）十一月二十三日に、帝都洛陽《らくよう》に到着した。

達磨は孝明帝に相見《あいまみ》える気もなかったのであろう、そのまま洛陽東方の嵩山《すうざん》に登り、**少林寺**《しょうりんじ》で**面壁坐禅**《めんぺき》を開始した。このインドの高僧は、お経を読むでもなく、学問するわけでもなく、衆人に法を説くでもなく、ただひたすらに、黙々として打坐《だざ》するのみであった。人々はそれを知って「壁観《へきかん》（壁に向かって坐禅をすること）の婆羅門《ばらもん》」と称した。婆羅門とは、インドの四種姓中の最高位である僧侶だが、誰もその真意をはかり知ることはできなかった。

九年がたった。師の般若多羅尊者《はんにゃたらそんじゃ》が「上根《じょうこん》を接すべし」と言った、その上根（優れた素質）の者が現れた。名を**神光**《しんこう》という。

神光は、博覧強記《はくらんきょうき》、あらゆる群書を読破した。しかし仏教書からはもとより、「孔老《こうろう》の教は礼術《れいじゅつ》の風規、荘易《そうえき》の書はいまだ妙理を尽くさず」と嘆《なげ》き、どうしてもいまひとつ腑《ふ》に落ちないものがあった。そうしているところに少林寺の達磨大師の存在を知るのである。入門を乞《こ》うたが、面壁の達磨は振り向きもしない。

十二月九日であった。なんとしてでも達磨に救いを求めんとする神光は、門の前で直立不動で立っている。雪が降り始め、夜になった。雪が膝を没するほどになり、空が白々と明るみ始める。以下、迫力に富む文を『景徳伝燈録』から抜粋する。

師（達磨）憫《あわれ》みて問うて曰《いわ》く、汝《なんじ》久しく雪中に立つ、當《まさ》に何事《なにごと》をか求むや。光《こう》（神光）悲涙《ひるい》して曰く、惟願《こいねが》はくは和尚、慈悲甘露《じひかんろ》の門を開き、広く群品《ぐんぽん》を度《ど》したまへ。師曰く、諸仏無上の妙道《みょうどう》は曠劫《こうどう》（はかり知れぬほどの永い時間）に精勤《せいきん》し、行じ難《がた》きを能《よ》く行じ、忍《しの》ぶに非《あら》ざるを而《しか》も忍ぶ。豈《あ》に小徳小智、軽心慢心を以て真乗《しんじょう》（仏教の根本原理）を冀《こいねが》はんと欲するは、徒《いたずら》に労し勤苦《きんく》するのみ。光、師の誨勵《かいれい》（教えはげまし）を聞き、潜《ひそか》に利刀を取り、自ら左の臂《ひじ》を断って師の前に置く。師、是れ法器なることを知る。

神光の自ら腕を切り落としてまで真理を求めんとする**不惜身命**《ふしゃくしんみょう》（仏法のために命を惜しまないこと）の姿に、熱い涙を落とさぬ者はあるまい。今日、どのような世界にあっても、これほどの勇猛《ゆうみょう》の願心《がんしん》ある者がいようか。

ここで達磨は、神光の名を「**慧可**《えか》」と改めさせた。以上、「**慧可断臂**《だんぴ》」の話であるが、これを題材とした室町時代の画僧、**雪舟**《せっしゅう》の国宝の絵がある。右の話を念頭に置きながら、達磨と慧可の表情をとくと味わって戴きたい。お互いの心情たるやいかに──。

なお、先の文中に「**行じ難**《がた》**きを能**《よ》**く行じ、忍ぶに非**《あら》**ざるを而**《しか》**も忍ぶ**」とあったが、昭和二十年の天皇の**終戦勅語**《ちょくご》の中に、「行じ難きを能く行じ、忍び難きを能く忍ぶ」として取り入れられたことは、よく知られていることである。『法句経《ほっくきょう》』に「怨《うら》みは怨みをもって終《つい》に休息を得べからず、忍《にん》を行じて怨《うら》みを息《や》むことを得」とあるが、ともに現今の世界の状勢や人間の短絡的な情動などを顧《かえり》みる時、肝に銘じておくべき言葉だろう。

◆中国禅宗の第二祖慧可の誕生

入門を許された慧可は、臂《ひじ》を断つほどの壮絶な覚悟がありながら、なおも心中に蟠《わだかま》っていた不安の情を達磨に吐露《とろ》する。形の上では解決できたように見えても、なおかつ心底からの解決になっていいなかったか。

「私の心はいまだ安んじておりませぬ。なんとか安心させて戴《いただ》けませぬでしょうか」と慧可は達磨に嘆願する。達磨「お前さんのいう安心したいと思っているところの、その心を私のところに持ってきなさい。その時私は、その心に大いなる安らぎを与えてやろう」と。

そういわれた慧可は、あの断臂の意志力をもって昼も夜も眠らずの長い坐禅の末、ようやく自分の力で得た見解を達磨に呈示する。

「その心というものを探しもとめ続けてみましたが、ついに得ることはできませんでした。何処《どこ》にもないのです」。**心とは不可得《ふかとく》、不可説《ふかせつ》、不可思議《ふかしぎ》**である。つまり、「**心とは得ることも**

出来ず、説くことも出来ない、不思議なものである」。

達磨はいう、「衲《わし》はそのようにお前さんを安心させてやった」。

ここで慧可は大いなる悟りを得た。この場面もやはり原文（書き下し文）で読んでおきたい。

光（神光＝慧可）曰《いわ》く、我が心いまだ安らかならず。乞う師、与《ため》に安んぜよ。師曰く、心を将《も》ち来れ、汝が与に安んぜん。曰く、心を覓《もと》むるに了《つい》に不可得。師曰く、我、汝が與に心を安んじ竟《おわ》れり。

達磨は中国で慧可という上根の器に接し得て、この地に禅を植えつけることができた。いよいよ故郷のインドに帰ろうとするに及んで、法嗣《はっす》（跡継ぎ）を定めることになる。達磨には四神足といわれる立派な弟子が四人いた。そこで、この四人に対し、各自の悟ったところの境界《きょうがい》について見解を述べさせるのである。

一人目の道副《どうふく》は、「我が所見の如《ごと》きんば、文字に執せず、文字を離せずして道用《どうゆう》（仏道のはたらき）を為《な》す」と。

達磨は「汝、吾が皮を得たり」と評した。

二人目の尼僧総持《そうじ》は、「慶喜《けいき》の阿閦仏国《あしくぶっこく》を見るが如し、一見して更に再見せず（ものに執らわれず、欲望や執着から開放されている）」と述べた。

これに対し達磨は「汝、吾が肉を得たり」といった。

三番目の道育《どういく》は、「四大本空《しだいもとくう》、五陰《ごおん》有《う》に非《あら》ず、而《しこう》して我が見処《けんじょ》は、一法の得可《うべ》き無し」と呈示した。つまり、「一切の物体を構成する地・水・火・風の四元素や、色・受・想・行・識の各五陰は空であるので、得るべきものはなにもない」と。

達磨の評は、「汝、吾が骨を得たり」。

最後四番目の慧可は、一言も発することなく、「礼拝《らいはい》して後、位《い》に依って立つ」のみであった。達磨に対しただ三拝九拝の礼をなし、しかる後、叉手当胸《しゃしゅとうきょう》（両手を胸に重ね合わせること）し、弟子としてのあるべき場所に立っただけであった。

これを見て達磨は、「汝、吾が髄《ずい》を得たり」と慧可の見解を了とした。そして慧可を顧《かえり》みて、言葉を続ける。「釈尊が最初、迦葉尊者《かしょうそんじゃ》に正法眼蔵を伝えて以来、今日までずっと嫡々相承《てきてきそうしょう》されてきたが、これより以後、その**大法**をお前に付嘱《ふしょく》する」と。ここに**釈尊**からの伝統を見ることができ、**中国禅宗の第二祖慧可が誕生**することになった。

読者は「**一華開五葉**《いっけごようひらく》」と書かれた墨跡を、よく目にすることがあるだろう。

これは達磨が、慧可に前述のような法の授受（印可《いんか》証明）のあとに与えた「記莂《きべつ》の偈《げ》」の中の一節である。「記莂」とは仏家における予言のことで、全文は以下からなる。

吾本来茲土　　吾れ本茲《もとこ》の土に来たり
伝法救迷情　　法を伝えて迷情を救う
一華開五葉　　一華《いっけ》五葉《ごよう》開《ひら》き
結果自然成　　結果《けっか》自然《じねん》成《な》る

大意は—私（達磨）が中国に来たのは、釈尊より始まって二十七代に至るまで、綿々として受け継がれてきた「仏心宗《ぶっしんしゅう》」といわれる禅を伝え、迷《まよ》える衆生を済度《さいど》するためであった。お前（慧可）に伝えたこのひとつぶの種である禅は、ちょうどひとつの花が五枚の花びらを開き、立派な実を結ぶように、やがて五つの流派に分かれ、その結果、期せずして中国全土を広く覆《おお》い、隆盛を極めることになるであろう。

この予言は的中し、禅は唐時代になって、潙仰《いぎょう》宗、臨済《りんざい》宗、雲門《うんもん》宗、法眼《ほうげん》宗、曹洞《そうとう》宗の五つの派が生まれ、さらに臨済宗から二つの分派（黄龍《おうりょう》派、楊岐《ようぎ》派）が生じ、後に「五家七宗《ごけしちしゅう》」

と称されるまでになるのである。（⇩62ページ）

なお、「一華開五葉　結果自然成」については、教相学的な立場から説明をつけ加えておく。それは、「一華」を美しい花のような心、「五葉」を仏の五つの智慧《ちえ》（大円鏡智、平等性智、妙観察智、成所作智《じょうしょさち》、法界体性智《ほっかい》）として捉《とら》えてゆくのである。すなわち、妄執《もうしゅう》に汚されている心を、修行によって拭《ぬぐ》い去り、鏡のような清浄心に目覚めて、もともと自己に具《そな》わっている五智を開発してゆくならば、花が自然に実を結ぶように、期せずして菩提果《ぼだいか》（悟り）を達成することができる。

さて、右の「記莂の偈」を慧可に与え、法嗣《はっす》（跡継ぎ）もできた達磨の中国行脚《あんぎゃ》は順調に終盤を迎えつつあった。しかし、その後、災難が振りかかる。

教相学者との対立である。彼らによって五回も毒を飲まされた達磨は、そのつど一命を取り留めたが、六回目、もはや自身の現世での因縁の尽きたことを知ったか、毒を吐くこともなく、端然《たんぜん》と坐禅しながら死についた。**坐亡**《ざぼう》である。

時に魏《ぎ》の荘帝《そうてい》の永安《えいあん》元年（五二八）十月五日であった。年齢は百五十歳近かったと言われる。その年の十二月二十八日に、河南省《かなん》陝州《せんしゅう》の東にある二つの峰が熊の耳に似ている熊耳山《ゆうじさん》に葬られ、山下の**定林寺**《じょうりんじ》に塔が建てられた。

三　六祖慧能《ろくそえのう》の誕生

◆慧能の出家

達磨《だるま》から二祖慧可《えか》へと継がれた禅は、三祖僧璨《そうさん》、四祖道信《どうしん》へと伝わった。

禅は道信に至っても、なお多分にインドの観念的知性的なにおいがあったものの、中国の老子《ろうし》を祖とする道教《どうきょう》や、中国人の現実的な動きのある生活に即した大地に密着した考え方とが、渾然《こんぜん》一体となってきた。この頃から、禅僧としての集団生活が始まるようになり、次の五祖弘忍《ぐにん》の時代になると、千余人の修行者をかかえるようになる。

この千余人の弟子の中から二人の高足、神秀《じんしゅう》と慧能《えのう》（六三八～七一三）を生み出すが、慧能が弘忍の後を継ぎ、禅宗の第六祖となり、一機軸を打ち出した。慧能の流れを汲む後の禅僧たちが、達磨の予言のとおり、先の五家七宗の花を咲かすことになる。

そこで、この五家七宗の礎とも言うべき慧能について、彼の著述と言われる『六祖壇経《ろくそだんきょう》』に依って見てゆく。

菩提達磨から数えて六代目となる慧能は、父が左遷させられた中国の南、広東省《カントン》新州で、唐《とう》の貞観《ていがん》十二年（六三八）に生まれた。

姓は盧《ろ》、名を能《のう》という。三歳で父を失った後、母と共にさらに南に下り、広東あたりで薪炭《しんたん》を売って生活を立て、母と貧しい生活をしていた。ある日、客の注文があって街に薪《まき》を届けて外に出たところ、通行人の一人が読んでいるお経の中に、「応無所住而生其心《おうむしょじゅうにしょうごしん》」とあるのを聞いて、はっと悟るところがあった。

慧能がその通行人に、お経の題名を尋ねると、「これは『金剛経《こんごうきょう》』で、蘄州《きしゅう》の黄梅県東禅寺《おうばいけんとうぜんじ》で五祖弘忍禅師《ぐにんぜんじ》が、この経を読めば、直ちに自分が仏そのものであるということがわかる、と教えられている」と告げられた。慧能はなんとしてでも、五祖弘忍に会いたくなった。しかし、極貧の老母を捨ててゆくのはしのびないと思っていたところ、通行人は慧能を「人」とみたか、銀十両を与えてくれた。

慧能はすぐさま、母に法を尋ねることの大切さを説き、生活費として銀十両を置いて、はるか北方の黄梅県東禅寺に向かって、一か月以上の旅を続けることになった。

東禅寺は聞きしに勝るところで、千人以上の修行僧が雲集《うんしゅう》していた。そこで初めて五祖弘忍に相まみえることになる。

弘忍は開口一番、「お前さんは何処《どこ》から来て、何を求めんとするのか」と問うた。

慧能「はるか嶺南《れいなん》から仏になろうと思って参りました」

弘忍「お前さんは嶺南の出身と言うが、嶺南の人は山猿のようなもんで、とても仏にはなれないよ」

慧能は答える。「人に南北ありといえども、仏性《ぶっしょう》もと南北無し」

これを聞いた弘忍は、将来有望な男と見込み、薪作りや米搗《つ》きをさせて様子を見ることにした。慧能は毎日毎日、黙々と薪を作り、米を搗いた。

慧能は体が小さかった。米を搗く時に石臼《いしうす》の杵《きね》を踏んでも体重が軽すぎて持ち上がらない。そこで大きな石を腰に縛《しば》り付けて米を搗いた。

一心不乱、その徹底した精進振りは、わずか八か月で悟りの境地に至らしめている。

◆弘忍《ぐにん》の後継者

その頃、師の弘忍は自分の後を継ぐべき人物を決めねばならなくなってきていた。一日、千余人の修行者に対し、現在の修行中の心境を偈《げ》（詩）にして提出させ、その内容が悟りに達していると思われるものに伝法衣《でんぽうえ》を授《さず》け、自分の後継者となし、禅宗第六代目にすると告げた。

大勢の修行者の中に、長い間修行をし、博識多才、自他ともに五祖弘忍の跡を継いで六祖となるであろうと言われた神秀《じんしゅう》がいた。

そのために他の者たちは、六祖には神秀に決まっているとばかりに、誰も偈を書かなかった。

神秀は大衆《だいしゅ》の期待に答えて、偈を提出せねばならない。学問的には優秀であったが、自分が本当に悟りの境地に達しているかどうか、さすがの神秀も自信がなく、四日もかかって書きあげたものの、師の弘忍の部屋の前で十三回も行ったり来たり、身体中から冷や汗が流れるほどであった。そこで師には直接差し出さないで、廊下の壁に別に書きつけた。これを見た弘忍が誉《ほ》めたならば自分の作と名のり出て、そうでなかったら無視しようとする魂胆《こんたん》であった。

身は是れ菩提樹《ぼだいじゅ》
心は明鏡台《めいきょうだい》の如《ごと》し
時時《じじ》に勤《つと》めて払拭《ふっしょく》して
塵埃《じんあい》を惹《ひ》かしむること勿《なか》れ

この肉体は本来悟りの花を開く樹のようなもの、心は清浄なる鏡のようなものである。

そこで常に掃除を怠《おこた》らず、一点の塵《ちり》もつかぬようにせよ。

これを見た弘忍は、肝心《かんじん》の悟りの境地は表現されていないが、このように修行に励《はげ》めば、誰もが悟れ、成仏間違いなしである。良い偈《げ》であると言ったので、大衆はこれで神秀が六祖となること間違いなしと思い、この詩を暗誦《あんしょう》した。

一方、毎日毎日米搗《つ》きをやっていた慧能は、小屋のかたわらを神秀の偈を口ずさみながら通りすぎる童子《どうじ》から、話の一部始終を聞いた。しかし慧能は自分の心持ちとはだいぶ違うと思ったが、文字を書くことも読むこともできない。そこで、慧能は自分の偈を書き取って、神秀の偈の横に貼り出してくれと頼みこむのである。脇に居た者が、なにを山出しの米搗きふぜいが、と馬鹿にしながらも書き取ってくれた。それは堂々たる偈であった。

菩提本樹《もと》無し
明鏡亦《また》台に非《あら》ず
本来無一物《ほんらいむいちもつ》
何《いず》れの処《ところ》にか塵埃《じんあい》を惹《ひ》かん

この肉体が悟りの樹のようなものだと言ったとて、それはもともと無いものだ。心は清浄なる鏡にたとえられるが、その心も無いのだ。**本来、何も無い**のである。何も無いところでは、塵《ちり》も着きようもないではないか。

これは**禅宗の根本義**であり、禅の宗旨《しゅうし》とはまさにこれでないといけない、という慧能の宣言であった。

一介《いっかい》の米搗き男が、このような立派な悟りの境地に到《いた》っていたことを、周りの者は驚き、肉身の菩薩《ぼさつ》が現れたと評判になった。

これを見た師の弘忍は、慧能なんて男はまだお坊さんにもなっていないただの米搗き人だ、まだまだ未熟者で、とても悟りの境地などに達していない、と即座にその書を消してしまった。これには師の深い配慮があった。大衆が慧能に対して嫉妬《しっと》心を起こし、危害を加えることを恐れたからである。

◆六祖慧能の誕生

夜になって、弘忍は米搗き小屋の慧能を訪ねた。慧能はその夜も、腰に重い石をくくりつけて臼《うす》をついている。

弘忍「米は搗《つ》けたか」

慧能「もうとっくに搗けていますが、まだ篩《ふるい》にかけていないものがあります」

「悟ったか」「とうに悟っておりますが、誰も理解する者もおりませぬ」ということである。弘忍は黙って杖で碓《うす》を三度打った。師の腹を見抜いた慧能は、夜になって時を知らせる鼓《く》が三ツ鳴ると、ひそかに師の部屋に入った。慧能は達磨《だるま》より伝えられてきた伝法の証《あかし》である袈裟《けさ》と鉄鉢を戴《いただ》いた。印可《いんか》である。

ここに六祖の誕生となったのだが、師の弘忍は大衆の暴発を恐れ、慧能を夜陰にまぎらせて逃がした。師は途中まで舟で送り、「以後仏法は汝《なんじ》に由《よ》って大いに行われん」と予言した。慧能は南方に向かい一か月ほどかけて、大庾嶺《だいゆれい》（江西省と広東省のあいだにある山）に到着した。

一方、五祖から六祖へと法の授受を了《お》えて慧能を見送った弘忍は、その後、大衆に向かって説法をしなくなった。不思議に思った大衆がその理由をただすと、達磨以来の法は、伝法衣と共に米搗きの慧能に譲った。それでもう自分は話すこともなくなった、と告げた。

驚いた大衆は、あのような貧相な男に禅の法脈を伝えられるとは合点がゆかぬとばかりに、伝法の証である衣鉢を取り戻すために慧能を追いかけ始めた。

一行は大庾嶺で、慧能に追いついたが、慧能は彼らを説得し、さらに曹渓《そうけい》の山中に隠れ、猟師の仲間に入って、以後人の前に現れることはなかった。聖胎長養《しょうたいちょうよう》（悟後の修行）である。弘忍に入門して十五年後の儀鳳《ぎほう》元年（六七六）正月八日、慧能は広州の法性寺《ほっしょうじ》に飄然《ひょうぜん》と姿を現した。この頃の話として、次のようなものが伝えられている。

六祖《ろくそ》因《ちな》みに風刹幡《かぜせっぱん》を颺《あ》ぐ。二僧《にそう》有り対論《たいろん》す。一《ひとり》は曰《いわ》く、幡《ばん》動くと。一は曰く風動くと。往復《おうふく》して曾《かつ》て未《いま》だ理《り》に契《かな》はず。祖曰く、是れ風動くにあらず、是れ幡動くにあらず、仁者《にんじゃ》が心動くのみ。二僧悚然《しょうぜん》たり。（無門関二十九則）

法性寺で二人の僧が風になびく幡《はた》を見て、一人は幡が動いていると言い、一人はいや風が動いているのだと、ケンケンガクガクの法論をやっていた。それを聞いていた慧能は、「それは風が動くのでもなければ、幡で動くのでもない。お互いの心が動くだけなのだ」と断言した。二僧はこれを聞いて、ゾッとした。このことを法性寺に居た印宗法師《いんじゅうほうし》が聞きつけて、慧能が聖人であることを知った。

しかし、慧能の風態は頭も剃《そ》っておらず、昔の米搗《つ》きをしていた頃の風采《ふうさい》の上がらない寺男そのままの姿である。このような人を行者《あんじゃ》と言うが、行者のままでは、これから大勢の人たちの前で、釈尊や達磨や師の五祖弘忍の教えを説くのに都合が悪いとみた印宗法師は、慧能の出家得度式《とくどしき》をやったのである。

ここで始めて、正式に六祖慧能禅師が誕生することになった。

◆禅風の発揚

慧能は翌年の儀鳳《ぎほう》二年（六七七）、曹渓山《そうけいざん》の宝林寺《ほうりんじ》に移って、禅風を発揚《はつよう》し始めた。師の五祖弘忍が別れ際に、悟ったからといって南方に行っても、すぐに法を説くようなことはするな、悟後の修行をしっかりやってから法をひろめよ、と言われたとおり、十余年を経た今、ようやくその機会が到来したのである。

多くの道俗《どうぞく》（僧侶や俗人）が慧能の教えを信奉し、その禅風は南方に勢力を張ったので、これを南宗禅《なんしゅうぜん》という。宗風は一超直入如来地《いっちょうじきにゅうにょらいじ》といって、階段を一段一段上るようにするのではなく、階段を全部一気に飛び超えて上まで行ってしまうように悟るのである。これを頓悟《とんご》主義という。

慧能の競争相手であり、五祖弘忍のもう一人の法嗣《はっす》となった神秀《じんしゅう》は北方の長安《ちょうあん》や河北省《かほくしょう》に宗風を展開させ、**北宗禅**《ほくしゅうぜん》と言われた。階段を一段ずつ上るように、順序を追って、ついには目的地に達するという**漸悟**《ぜんご》**主義**であった。

両者を併せて**南頓北漸**《なんとんほくぜん》という。

南宗禅の六祖慧能は、弟子に南嶽懐譲《なんがくえじょう》と青原行思《せいげんぎょうし》の二人の禅傑《ぜんけつ》を輩出《はいしゅつ》した。

南嶽の系統から潙仰《いぎょう》宗や臨済《りんざい》宗が生まれ、青原の系統からは雲門《うんもん》宗・法眼《ほうげん》宗・曹洞《そうとう》宗が派《は》生《せい》した。これらを五家と言い、臨済宗から分派した黄龍《おうりょう》派と楊岐《ようぎ》派を合わせて五家七宗と称することになる。

「曹渓《そうけい》（慧能の住した地）の一滴　乾坤《けんこん》を潤《うるお》す」と言われるように、**慧能から派生した禅は宋《そう》時代に入って中国全土を覆い、やがて鎌倉時代の日本にも伝わってくる**ことになる。

慧能の名声がすこぶるあがった神竜元年（七〇五）、皇帝の中宗は師を召されたが、慧能は病気と称してとり合わず、禅僧の気骨を示しながら、先天二年（七一三）八月三日、蘄州《きしゅう》の旧宅であった国恩寺で亡くなった。七十八歳であった。

元和《げんわ》十年（八一五）、憲宗《けんそう》皇帝は、慧能をたたえて大鑑《だいかん》禅師と諡《おくりな》している。

四　日本での展開──応燈関《おうとうかん》一流の禅

◆栄西《えいさい》の功績

鎌倉時代、中国宋禅の日本への流伝は二十四流四十六伝とも言われるが、今日までの八百年の間、生き残ってきたのは**臨済禅**《りんざい》と**曹洞禅**《そうとう》だけである。ここで触れるのは臨済禅であるが、これは**栄西**《えいさい》（一一四一～一二一五）の二度にわたる入宋《にっそう》の結果伝えられた。

栄西は最初比叡山《ひえいざん》で天台《てんだい》教学を修し、中国では禅のみではなく、台密《たいみつ》も学んだ。帰国後、鎌倉に**寿福寺**《じゅふく》、京都に**建仁寺**《けんにん》を創建したが、鎌倉では密教僧と見られていた。それは禅という当時の新興宗教に対する、天台宗や真言宗《しんごん》など旧仏教からの反発を避けるためであった。

栄西の著書の『**興禅護国論**《こうぜんごこくろん》』は、禅が国家にとって重要なものであることを説いているが、旧仏教に対する反論でもあった。

栄西は入宋のおりに茶種をもたらし、茶の効能を説く『**喫茶養生記**《きっさようじょうき》』を著し、鎌倉三代将軍源実朝《さねとも》が病にかかった時に、お茶と共にこの本を献上している。

禅と茶の湯が日本文化史上に与えた大きな影響を見る時、栄西の功績を見逃すことはできない。栄西がもたらした禅がきっかけとなって、禅は鎌倉幕府の庇護《ひご》を受けることになる。

禅の刀の切っ先を思わせるような峻烈《しゅんれつ》・孤高《ここう》の精神は鎌倉武士の好むところとなり、執権《しっけん》**北条時頼**《ときより》（一二二七～一二六三）は宋の**蘭渓道隆**《らんけいどうりゅう》（一二一三～一二七八）を招き、鎌倉に**建長寺**《けんちょうじ》を建てた。蒙古《もうこ》（元《げん》）の大軍を打ち破り、「胆《たん》、甕《かめ》のごとし」と言われた時頼の子息、**時宗**《ときむね》（一二五一～一二八四）もやはり宋からの禅僧**無学祖元**《むがくそげん》（一二二六～一二八六）を開山として、鎌倉に**円覚寺**《えんかく》を草創した。

◆南浦紹明《なんぽしょうみょう》（大応国師《だいおうこくし》）の名声

中国僧を中心とする鎌倉禅が一世を風靡《ふうび》していた頃、宋に行き九年間も修行をしていた禅僧がいた。**南浦紹明**《なんぽしょうみょう》（**大応国師**《だいおうこくし》）（一二三五～一三〇八）である。正元《しょうげん》元年（一二五九）に入宋し、中国の五家七宗を集大成した宋の臨済僧・**虚堂智愚**《きどうちぐ》（一一八五～一二六九）の法を嗣《つ》いで、文永《ぶんえい》四年（一二六七）に帰国した。南浦は、この時三十三歳であった。

南浦は虚堂のところで悟りを得て、その印として**印可状**《いんかじょう》を与えられた。「日多之記《にったのき》」と言われる印可状には、「日本の南浦知客《しか》に送る」と題し、次のようにある。

門庭を敲磕《こうかつ》して細かに揣摩《しま》し
路頭《ろとう》尽《つ》くる処《ところ》 再《ふたた》び経過《けいか》す
明明《めいめい》に説与《せつよ》す虚堂叟《きどうそう》
東海《とうかい》の児孫《じそん》日《ひ》に転《うた》た多からん

その意は、「全国いたるところの禅院の門をたたき、心根を鍛《きた》えてきて、また元の路《みち》に戻ってゆく（地理的に向こうからこちらへとあるが、その背後には、悟り了《お》えて、また元の普通の姿の自分に還《かえ》ってゆく意も含ませてある）。そこで明らかに、汝《なんじ》紹明に申す。日本に持ち帰るこの虚堂の禅によって、東海にある日本国には、我が児孫が日に日に多くなるであろう。この禅は大いに栄えるであろう」。

この「日多之記」は、また「記莂之偈《きべつのげ》」とも言われている。「莂」とは予言のことで、確かに虚堂の予言どおり、**日本の臨済禅は大いに発展し、今日までも続いているのである。**

南浦は九州博多に上陸し、ここで三十年ほども宋朝風の禅を展開した。

その名声は当時の後宇多《ごうだ》天皇に届き、召されて京の都に入った。

◆宗峰妙超《しゅうほうみょうちょう》（大燈国師《だいとうこくし》）と公案《こうあん》（「雲門《うんもん》の関《かん》」）

時を同じくして、のちに南浦紹明《なんぽしょうみょう》（以下大応国師《だいおうこくし》、略して大応）の法を嗣《つ》ぐことになる若き宗峰妙超《しゅうほうみょうちょう》（大燈国師《だいとうこくし》）（一二八二〜一三三七）が、鎌倉の高峰顕日《こうほうけんにち》（仏国国師《ぶっこくこくし》）の下で燃えるような修行を重ねていた。

高峰顕日は後嵯峨《ごさが》天皇の皇子で、**無学祖元《むがくそげん》**（一二二六〜一二八六）の法嗣である。下野那須《しもつけなす》（栃木県）の雲巌寺《うんがんじ》の開山となるが、この時は鎌倉に住していた。

妙超はここでいったん、高峰から悟りの許しを得たが、自身では喉《のど》にものがひっかかっているようなもどかしさがあって、もうひとつ納得がゆかなかった。そこへ大応の入洛の情報が入って来た。妙超はただちに、京都安井の韜光庵《とうこうあん》に止住する大応のもとに馳《は》せ参じる。

ここで妙超は、大応から「**雲門《うんもん》の関《かん》**」と言われる**公案《こうあん》**（禅の問題）を授かることになる。

これは禅門の第一の書と言われる『碧巌録《へきげんろく》』の中に出てくる。

昔、中国では間違った法を説くと、眉毛《まゆげ》が落ちるという言い伝えがあった。この話を取りあげて翠岩《すいがん》和尚が、大勢の修行僧に対し「これまで長い間いろいろと話をしてきたけれども、看《み》よ、私の眉毛はちゃんとついておりますかな、どうかな」と質問をした。聴衆の中の一人保福《ほふく》が「泥棒は内心いつもビクビクしているものだ」と言い、次に長慶《ちょうけい》が「その通りたくさん生えておりますぞ」と答えた。最後に雲門文偃《うんもんぶんえん》（雲門宗の祖）が言うには「関《かん》」と。

この翠岩の問いに対する雲門の答え「関」の意味するところのものが何であるのかという公案が、古来から修行僧の血と汗を絞りあげてきた。

これに対して、妙超の激しい求道一筋の修行が、再び始まった。師の大応が鎌倉の建長寺に移ったが、妙超はもちろんこれに付き従い、睡《ねむ》る時も惜しんで実参実究を怠らなかった。

徳治《とくじ》二年（一三〇七）十二月のある日、妙超は蔵を開けるのに鍵をなにげなく机の上に置いた時、ガチャ、というその音を聞いた一刹那《いっせつな》に「関」の問題が氷解《ひょうかい》したのである。長い間、この問題で、自己を追いつめ、追いつめた結果である。体中から汗が流れ、驚きと喜びとで、そのまま大応のところに行き、「雲門と同じ境地に達しました」と告げた。

大応も驚いた。「実は今日の朝、雲門禅師の夢を見た。そして今日、お前が雲門の関が解《わか》って衲《わし》のところへ来た。お前は雲門の再来だ」と答えると、妙超はその言葉を聞いて、おもわず耳を掩《おお》って帰り、翌日、悟境《ごきょう》を偈《げ》に書いて差し出した。

一回雲関《いっかいうんかん》を透得《とうとく》し了《おわ》って

南北東西活路《かつろ》通ず

夕処《せきしょ》朝遊《ちょうゆう》賓主《ひんじゅ》没《な》し
脚頭《きゃくとう》脚底《きゃくてい》清風《せいふう》起《お》こる

ひとたび雲門の「関」字が解ってみると、実に自由自在な境界となった。死のうが生きようが、その処々、どこにも路はある。二元対立の世界、相対的な考え方を超越したら、頭のてっぺんから足の指先まで、歩くたびに、匂いたつような実存の風が吹き立ってくる。

これを見た大応は、その偈の末尾に次の語を書き添えた。

「お前は大悟した。もうとても自分の及ぶところではない。吾《わ》が宗はお前の時代になって大きく発展するであろう。ただし、これから二十年の間長養《ちょうよう》し、それからあとで、この証明を皆に知らしめよ」と。

ここに、大応から妙超への法が引き渡された。妙超二十六歳の時である。

◆大徳寺の創立

翌年の延慶《えんぎょう》元年（一三〇八）、大応は真の弟子を打ち出した安堵からか、七十四歳で建長寺で遷化《せんげ》された。この時、後宇多上皇は、南浦紹明に対して、**日本で最初の国師号となる円通大《えんつうだい》**

応《おう》国師と諡《おくりな》したのである。大応の葬儀を了《お》えた妙超は、師の言葉どおり、それより京都東山に小さな庵《いおり》を構へ、そこから毎日鴨川《かもがわ》の五条橋下の乞食の群に身を投じ、二十年の聖胎長養《しょうたいちょうよう》（悟ってからの後、さらに磨きをかけるため、人知れず励む修行）に入った。

その頃の話で、北朝の花園《はなぞの》天皇が厳しい妙超の禅風を知って召し出されようとした。妙超は乞食の群の中に身を隠している。呼びにやられた使者には、このなかのだれが妙超か判別がつかない。使者はうわさを聞いた。妙超はまくわ瓜が好物であると。

使者は瓜を持って乞食の群れに向かって言う。「この瓜を手を使わずに取ることができた者に召し与える」。誰も前に出る者はいなかった。しばらくすると筵《むしろ》をかぶった一人の乞食が出て来て、「それならば、足を使わずに瓜を持って来るならば、私が取ってしんぜよう」と言ったところから、常人でないことがわかり、妙超の存在が知られることになった。

八年後の三十四歳頃、妙超は洛北の紫野《むらさきの》に居を移し、小さな庵ながら、「大徳」と名づけた。

妙超はいよいよ世間に打って出る。鍛えあげられた道力は、「天然《てんねん》の気宇《きう》　王の如《ごと》く　人の近傍《きんぼう》する無し」とまで言われた。

妙超は、のちに花園天皇と問答する機会があった。この時妙超は天皇に対し、「仏袈裟《けさ》を着けられ、一重《ひとえ》の畳を隔てることなく、対等に対座して問答をかわしたい」と申し出た。天皇は

これを許し、

「仏法不思議《ぶっぽうふしぎ》　王法《おうほう》と対座す」

と申されると、妙超はすかさず、

「王法不思議　仏法と対座す」

と答えた。

「仏法とは不思議なものだ。日本の天皇と対等に向きあうとは不遜《ふそん》に過ぎないか」「いや天の王とも言うべき釈尊《しゃくそん》の真理を継ぐ出世間の主人公に対し、俗世間の王が対座することこそが不思議である」

問答の内容はこのようなものであろう。この高邁《こうまい》なる精神こそが、禅者の禅者たるゆえんである。

このような妙超の風貌《ふうぼう》が花園上皇や南朝の後醍醐《ごだいご》天皇の注目、帰依《きえ》するところとなり、正中《しょうちゅう》二年（一三二五）南北朝の命を受けて、彼の庵は両朝の祈願道場となった。翌、嘉暦《かりゃく》元年（一三二六）法堂《はっとう》の完成をみて、妙超は「龍宝山大徳寺《りゅうほうざんだいとくじ》」と名づけた。

そして、この嘉暦元年が、妙超が師の大応のもとで大悟し、「只《た》だ是《こ》れ二十年長養して、人をして此の証明《しょうめい》を知らしめよ」と言い渡された時から、ちょうど二十年目であった。

妙超の後継者たち

妙超は日本の禅宗史上二人の重要な弟子を出した。

一人は**徹翁義亨**《てっとうぎこう》（一二九五～一三六九）であり、妙超のあと大徳寺を嗣《つ》いで第一祖となり、**大燈禅**《だいとうぜん》継承の第一歩をしるし、後に**一休宗純**《いっきゅうそうじゅん》（一三九四～一四八一）や**沢庵宗彭**《たくあんそうほう》（一五七三～一六四五）を生む。

もう一人は**関山慧玄**《かんざんえげん》（一二七七～一三六〇）である。

若き日の妙超が掛搭《かとう》していた建長寺に、同じく籍を置いた慧玄は、妙超の孤高俊厳な禅風を頼って上洛した。妙超は、自分の師の大応から与えられたと同じ「雲門の関」の公案を慧玄に与えた。慧玄は、これを二年の年月をかけて解き明かした。

嘉暦《かりゃく》四年（一三二九）、妙超は慧玄に「雲門の関」の一字を取って「関山《かんざん》」の号を授け、法の授受の証《あかし》とした。

関山は、師の妙超の五条橋下二十年の聖胎長養《しょうたいちょうよう》（⇩39ページ）にならって、美濃《みの》の伊深《いぶか》（岐阜県）の山中深くに、牛飼いとなって身をやつした。

花園法皇は離宮《りきゅう》を禅院にするにあたり、妙超の助言を得て、関山を開山として京都洛西に**妙心寺**《みょうしんじ》を開創した。この関山の法孫に江戸時代中期になって、臨済宗中興《ちゅうこう》の祖《そ》ともあおがれる白隠慧鶴《はくいんえかく》（一六八五～一七六八）が出て、今日の禅の法統の中心を形成した。

この一連の流れを「応燈関一流の禅」と呼ぶのである。

これは、今まで語ってきた大応国師《だいおうこくし》（南浦紹明《なんぽしょうみょう》）の「応」―その法嗣《はっす》である大燈《だいとう》国師（宗《しゅう》峰妙超《ほうみょうちょう》のことで、亡くなった建武《けんむ》四年（一三三七）に花園上皇より興禅《こうぜん》大燈国師号を下されている）の「燈」―さらにその法嗣である関山慧玄《かんざんえげん》（無相《むそう》国師）の「関」を合わせていったものである。

その要《かなめ》となるのは、やはり大徳寺開山の大燈国師であろう。

次に掲げる国師の遺誡《ゆいかい》に日本の禅の源泉を見、現今の停滞した禅の再びの発展の礎となるべきものを読み取ることができる。

汝等諸人《なんじらしょにん》、此《こ》の山中《さんちゅう》に来たって道《どう》の為《ため》に頭《こうべ》を聚《あつ》む。衣食《えじき》の為にすること莫《なか》れ。肩《かた》有って衣《き》ずということ無く、口《くち》有って喫《くら》わずということ無し。只《た》だ須《すべか》らく十二時中無理会《むりえ》の処《ところ》（悟りそのもの）に向かって、窮《きわ》め来たり究《きわ》め去るべし。光陰箭《こういんや》の如《ごと》し、慎《つつし》んで雑用心《ぞうようじん》（俗事に心を取られること）すること勿《なか》れ。看取《かんしゅ》せよ（以上のことを良く見て会得せよ）。看取せよ。

老僧行脚《ろうそうあんぎゃ》の後（自分が亡くなった後）、或いは寺門繁興《じもんはんこう》、仏閣経巻《ぶっかくきょうかん》金銀を鏤《ちりば》め、多衆閙熱《たしゅにょうねつ》（さわがしく)、或いは誦経諷呪《ずきょうふうじゅ》、長坐不臥《ちょうざふが》(長時間の坐禅をやり横になって睡《ねむ》らず)、一食卯齋《いちじきぼうさい》(朝の一度の食事)、六時行道《ろくじぎょうどう》(日に六度の勤行《ごんぎょう》)、直饒《たと》い恁麼《いんも》にし去ると雖《いえど》も(そのようにして形の上だけで修行しても)、仏祖不伝《ぶっそふでん》の妙道《みょうどう》(最上の道すなわち見性成仏)を以《もっ》て胸間《きょうかん》に掛在《くざい》せずんば(第一の主眼として、常に心に掛けていかなかったならば)、忽《たちま》ち因果《いんが》を撥無《はつむ》し(因果の道理を否定し)、真風地《しんぷうち》に墮《お》つ(真理はなくなる)。皆な是れ邪魔《じゃま》の種族《しゅぞく》なり。老僧《ろうそう》世を去ること久《ひさ》しくとも、児孫《じそん》と称《しょう》することを許さじ。或いは儻《も》し一人有り、野外に綿蕝《めんぜつ》(竹や茅《かや》で修行の場を作る)し、一把茅底《いっぱぼうてい》(ひとにぎりほどの小さな茅ぶき小屋)、折脚鐺内《せっきゃくしょうない》(足の折れた破れ鍋)に野菜根《やさいこん》を煮《に》て、喫《きっ》して日を過《す》ごすとも、専一《せんいつ》に己事《こじ》を究明《きゅうめい》する底《てい》は(一生懸命真の自己とはこれ何ものぞときわめんとする者は)、老僧と日日相見報恩底《にちにちしょうけんほうおんてい》(大燈国師と毎日顔を合わせ、その恩に報《むく》いている)の人也《ひとなり》。誰《たれ》か敢《あ》えて軽忽《きょうこつ》(軽はずみ)せんや。勉旃勉旃《べんせんべんせん》(つとめよや、つとめよや)。

五　臘八大接心《ろうはつだいせっしん》という厳しい修行

◆釈尊《しゃくそん》の坐禅

「バシッー、バシッー、バシッー」——続いて左肩に三発、警策《けいさく》の音が、裸電球一つの薄暗い禅堂の、緊迫した空気の中を走る。

十二月は禅家《ぜんけ》にとって、身の引き締まる思いのする月である。**臘八大接心《ろうはつだいせっしん》**（以下、臘八）が、一日未明から八日の鶏鳴《けいめい》の座（明け方）まで行われるからである。体を横にすることなく、一週間坐禅に専念するこの臘八は、釈尊が十二月八日未明の暁《あ》けの明 星《みょうじょう》を見て、悟られた（成《じょう》道《どう》）ことに因《ちな》んで行われる。

インド・ルンビニーの迦毘羅《かびら》城の王子であった**釈 尊《しゃくそん》**は、二十九歳の時、妃《きさき》と子どもを捨てて出家された。

出家とはこのように、**世俗の幸福を捨てることを第一歩とし、それが宗教の始まりとなる。**

釈尊はその後、六年間に及ぶ苦行の末、なんの解決の糸口もつかめないまま、尼連禅河《にれんぜんが》のほとりで行き倒れてしまった。幸い近くの村の娘スジャータの捧げる乳粥《にゅうしゅく》によって、気力体力を回復し、やがてガヤのピッパラ樹の下で、坐禅に入る。

ガヤは尼連禅河から、歩いて十五分ぐらいの所にある。現在はそこに大きな塔が立ち、その裏側に釈尊が坐禅をし、成道された時のものという二畳敷《にじょうじき》ぐらいの平たい石があって、傍《かたわ》らに大きなピッパラ樹がおおいかぶさるようにして、枝を四方に張りめぐらせている。このピッパラ樹の下で釈尊が悟りを開いたために、この樹は菩提樹《ぼだいじゅ》といわれるようになった。一帯は濃い緑陰となって、釈尊を偲《しの》ぶのに格好の場となって、各国からの多くの巡礼者で賑《にぎわ》っている。

釈尊はここで悟りを開いた時、発せられた第一声が、「奇なるかな、奇なるかな、一切衆生悉《ことごと》く皆、如来《にょらい》の智慧徳相《ちえとくそう》を具有す。ただ妄想執着《もうそうしゅうちゃく》有るを以《もっ》ての故《ゆえ》に、証得《しょうとく》せず」というものであった。

禅はこの釈尊の言われた、「**智慧**」を獲得せんとして、釈尊と全く同じ方法、すなわち**坐禅**を第一とするのである。

のち禅宗の第一祖となる**達磨**《だるま》は、「九年面壁《めんぺき》」の言葉が象徴するように、坐りぬかれた。

臘八はそれを踏襲《とうしゅう》する最も厳しい修行である。

◆臘八という名の厳しい修行

臘八の間、道場は大きな山門も閉めきって、一歩たりとも出入りができないようにする。広大な敷地は高い塀で、ぐるりと囲まれていて、さながら籠城の様子を呈する。

臘八中は托鉢《たくはつ》も作務《さむ》（労働）もなにもせず、ただただ坐禅に専念するので、その間の生活を賄《まかな》うために、副司《ふうす》（会計係）が一か月も前から全員のために、有縁無縁の人たちに御供養をお願いして回るのである。食事も早くから典座《てんぞ》（台所係）が、人数分の量と献立とを綿密に工夫計算し、臘八に備える。

十二月一日午前二時。

維那《いのう》（大衆係）が駆け足で鈴を鳴らしながら、大声で「開静《かいじょう》ー、開静ー」、と道場の眠りを次々に破ってゆく。雲水《うんすい》はくるまっていた柏布団《かしわぶとん》からいっせいに抜け出して、素早く身づくろいをする。

これから丸一週間、臘八大接心の幕が切って落とされることになった。

三日目ぐらいまでは睡魔と寒さとで、青菜に塩をぶちまけられたような体《てい》たらくであるが、それ以後は気も凛《りん》と冴《さ》えてきて、神気晴朗というのか、心も体もはっきりとした輪郭を持って、おのずと自己の存在を主張するようになってくる。そうなると、もう眠気も寒気も、ものの数ではなく、時間が自分の中に入り込み、時間と一体、本当に充実したものとなる。

そこには時間もなければ、空間もない。

あるのはただ坐禅そのものだけである。

しかしそれとは別に、現実の時間は刻々と移り、その中でなされる動きはいろいろである。坐禅中は常に警策の鋭い音が、禅堂内にこだまし、参禅（問答）の時間ともなれば、「走り喚鐘《かんしょう》」といって、鐘の合図で三十人の雲水がいっせいに参禅の順番の先を争って、席を蹴《け》って走り出す。

老師の部屋に行き問答をする入室《にっしつ》参禅のおりには、老師に罵声《ばせい》を浴びせられ、竹篦《しっぺい》（二尺弱の弓状割竹）で打たれて、すごすご退散もする。

退散してくると「御案内」と称して、獄卒《ごくそつ》のような直日《じきじつ》（禅堂の監督）と助警《じょけい》（直日の補佐）が警策を構えて待ち受け、もう一度参禅してくるよう追い返す。参禅しようにも、こちらにはもう一片の見解もあるわけではなく、強引に禅堂に引き返そうとすれば、そうはさせじとばかりに、とっ組み合いとなる。

追い詰められた鼠《ねずみ》が、かえって猫に咬《か》みつき活路を見出すように、切羽《せっぱ》詰まらせることによって、禅的閃《ひらめ》きを待ってやるのであるが、惨憺《さんたん》たる戦場である。

そうやってお互いに切磋琢磨《せっさたくま》しながら、自分の中にある妄想執着を、捨ててゆく。そのもの自体になりきって、相対を離れ、喜怒哀楽のない清浄心を、得てゆくのである。

心をカラッポにしてゆくのである。

ある臘八の夜中の三時頃、気合いの入った坐禅で、禅堂内が静まり返っていた時、突然火災警報機が鳴りわたった。

まもなく闇の中をけたたましいサイレンの音とともに、何台かの消防車が境内に入って来、止まるとみるや数人が走って来た。

玄関先で大きな声が交差する。

その時、禅堂内といえば、老師をはじめとする雲水たちはびくりともせず、坐したままであった。

◆心頭滅却《しんとうめっきゃく》すれば火もまた涼《すず》し

火事ではなかった。

僧堂の粥座《しゅくざ》（朝食）は玄米粥《げんまいがゆ》である。それを直径五十センチ、縦六十センチほどの高圧釜《がま》で炊《た》くが、蓋《ふた》が十数個の手動のネジで止められるようになっている。

典座《てんぞ》（台所係）は大勢の食事の準備と後片付けに追われ、休む間もなく立ち働かねばならなかったが、一瞬の油断があったのだろうか、ネジの一つが緩《ゆる》んでいたらしい。そこを高圧で徐々にこじ開けられて蓋がはずれ始め、ついにジェット機の噴射のように、玄米を含んだ熱湯が吹き出し、その勢いで釜は御九度《おくど》さん（かまど）から飛び出し宙を舞った。

蓋ははずれ、飛び散った玄米が散弾銃のように台所あたり一帯に広がり、天井に備えつけてあった火災報知機を直撃したのである。

今その時のことを振り返ってみると、本当に火事であったのであればどうであっただろうか、と思う。

古い木造建築だから、火の手の早く回るのは目に見えている。大惨事になる可能性は十分にある。しかし、老師も雲水も誰一人として、坐して動ぜず――臘八も何日かを過ぎていて、坐禅三昧《ざんまい》、無念無想の境に入っていた。カラッポになっていたのである。

甲斐国《かい》の恵林寺《えりん》（臨済宗・山梨県塩山市《えんざん》）の**快川紹喜**《かいせんじょうき》（?〜一五八二）は、寺が織田信長の手によって焼かれる時、山門に上り、「**心頭滅却すれば火もまた涼し**《しんとうめっきゃく》」と喝破《かっぱ》し、寺と運命をともにした。あの臘八の時のような境界《きょうがい》を、常に持続できるならば、いついかなる所にあっても、快川和尚のように**自若泰然**《じじゃくたいぜん》としていることができるはずである。

臘八はそのような**無念無想の境地**、釈尊の言われた「**智慧**」を我がものとさせ、正念を持続させてゆく「**力**」をつけさせるための、すなわち「**自己向上**」のための誠に大切な修行の一つなのである。

三

禅と茶の湯と香

一　茶道の稽古《けいこ》は坐禅なり

◆坐禅と公案《こうあん》

十年帰ることを得ざれば、来時《らいじ》の道を忘却《ぼうきゃく》す（寒山詩《かんざんし》）

あの時の**お茶事《ちゃじ》のお点前《てまえ》**を、一生涯、忘れることはあるまい。お能の所作《しょさ》におけるような静かな足運びや、帛紗《ふくさ》をさばく指のしなやかさ、茶杓《ちゃしゃく》や柄杓《ひしゃく》を取り扱う楚々《そそ》として、かつ端正な挙措《きょそ》は、まさに「**動く禅**」であった。お点前がかくも美しく、人の心を打ち、清々《すがすが》しい思いにさせてくれるものであろうか、と思ったものだ。長い年月にわたる**稽古《けいこ》**のたまものに違いなかった。

稽古とは、「古を稽る《いにしえをかんがえる》」ということである。

茶の湯における稽古とは、**利休居士《りきゅうこじ》**（千利休、一五二二〜一五九一）を稽る《かんがえる》ことである。

利休居士を稽るとは、利休居士の精神と行実を考え、学ぶことであろう。その利休居士は大徳寺の古渓和尚《こけいおしょう》をして、「三十年飽参之徒《ほうさんのと》」と言わしめたほどに、禅に傾倒《けいとう》し、「小座敷《こざしき》の茶の湯は仏法《ぶっぽう》を以《もっ》て修行得道する」と言うまでに至った。

禅の修行の要諦《ようてい》は、なんと言っても**坐禅**である。

禅の修行を専一にする道場では、一日二十四時間の半分以上が坐禅であるが、坐禅は一番単純な型での、限りなき繰り返しの行為である。一秒一秒、一分一分、一時間一時間、と際限なく続く時間の繰り返しの中での坐禅にあっては、一髪《いっぱつ》たりとも余念《よねん》を差しはさんではならない。

そこにおのずと、坐禅そのものに成り切ってしまう状態が現出する。

坐禅とは、その「成り切る」ため、換えて言うならば、**相対的概念、二元論を超越するための訓練**である。

足が痛いとか痛くないとか、眠いとか眠くないとか、善悪得失《とくしつ》是非——その最も顕著で重要なのが「生死」であるが——を越えて、**無念無想の境地に入る**のである。

臨済禅ではそのための手段として、**公案《こうあん》**（禅の問題）の工夫にも励む。

六世紀、中国の梁《りょう》の武帝《ぶてい》が**達磨《だるま》**に、「如何《いか》なるか是《こ》れ聖諦第一義《しょうたいだいいちぎ》」、仏教の究極の真理とは何か、と質問すると達磨は「廓然無聖《かくねんむしょう》」と答えた（⇩44ページ）。カラッと晴れあがった青空みたいに、聖なるものも凡《ぼん》なるものも、何もない、と。これでは答えにならない答えで、取りつく島もないではないか。常識では判断できない問答である。

このような公案（問題）を、坐禅の時ばかりでなく、朝起きてから寝るまで、食事の時も用を足す時も、托鉢《たくはつ》の時も作務《さむ》（労働）の時も、夢の中にあってすら、すなわち一日中の生活の全般にわたって、ひたすら反復を繰り返し、解決につとめる。

一日の生活の内容そのものもそうであるが、一週間は一週間の、一か月は一か月の、一年は一年のやるべきことがキッチリと定められていて、まさに繰り返しの連続である。そのために、夾雑物《きょうざつぶつ》の入る余地はなく、生活そのものは、簡素この上ないものとなる。

このことが修行する者の心に反映され、俗世間にあったような享楽的《きょうらくてき》な妄想煩悩《もうそうぼんのう》を、振り落としていってくれる。

修行する者は、ただ自分の前面に現れてくる事物に対して、その時その時、その場その場を、後を振り返ることなく、全身全霊を込めて対処してゆくだけである。

こうして、一所不住《いっしょふじゅう》――物質的にも、精神的にも執《と》らわれのない――の境界《きょうがい》に、磨きあげられてゆくのである。

◆点前《てまえ》とは「動く禅」

坐禅における公案解決の道を「**静中《じょうちゅう》の工夫《くふう》**」と言い、道場生活の働き（作務）の中におけるそれを、「**動中の工夫**」と言うが、この両者が相即相入《そうそくそうにゅう》していることは、無論のことである。

このようにして、禅の修行を十年、二十年と繰り返してゆく果てに得られるものは（利休居士が「得道《とくどう》」と言ったところのもの）、我々が実在するものと思い込んでいる**相対的二元的対立のこの世界からの超越であり、無念無想の世界に至ること**である。

わかりやすく言えば、**不平不満の世界から決別して、ぴくりとも動じない純粋、かつ素直な心を得ること**である。

彼我を取り囲むものから飛翔《ひしょう》して、**大安心の境地に至ること**である。

飛ぶ鳥の跡をとどめぬような、自由の獲得である。

さらには、「十年帰ることを得ざれば　来時の道を忘却す」と唐代の詩僧・**寒山《かんざん》**が詠んだ詩の一節にもあるように、長かった忍苦《にんく》の修行の足跡はむろん、悟りの臭いさえも忘れ去ってしまうことである。

利休居士は、それを我がものとした。

利休居士はその驚くべき素晴しい体験を、より多くの人々に知らしめようとして、**茶の湯に**

おける点前《てまえ》という「型」の、「一本の道」をつけた。付け加えれば、これが利休居士の衆生救済の方便であった。

最も自然な、単純な「型」の繰り返しこそ、無念無想の境に適するための最短距離であることを、利休居士は熟知していた。

点前による稽古は、先に述べた「動中の工夫」である。

「動中の工夫は静中の工夫に勝《まさ》ること幾千万倍」と言うが、点前は「動く禅」であった。

茶席における最初の挨拶《あいさつ》から、道具の運び出しに始まる諸々の点前を、繰り返し繰り返し学ぶことによって、ひとつ所に心を止めることなく、水の無心に流れるが如くに、行われるようになるであろう。

もし、次の点前に移る間に、一瞬たりとも擬議《ぎぎ》や邪念妄 執《じゃねんもうしゅう》が入り込んでしまったならば、そのように自然には行くまい。

このような自己の内に巣喰う邪念妄執を、あたかも鏡に付着している塵 芥《ちりあくた》を布で拭《ふ》き取るように、澱《よど》みのない点前という行為が、消してゆくのである。

ついには、「天地と我と同根《どうこん》　万物と我と一体《いったい》」、すなわち点前と自分とがひとつに融《と》けあって、宇宙大となった自身に気づくであろう。「稽古に神変あり」である。

その姿が、一分の隙《すき》もない点前となって顕《あらわ》れ、燦然《さんぜん》たる輝きを放つことになる。

利休居士によって完成された点前の「型」は、そうなるように創《つく》られている。

こうして得られた**茶の湯の境界《きょうがい》と、自己の普段の生活とが一致する時**、そこにこそ人生の本源ともなるべき、**無駄のない、真善美の遊戯三昧《ゆげざんまい》の王国**が築かれる。

しかし、近来この単純な点前の繰り返しの稽古が、教える側にも教わる側にも嫌われているとも聞く。

単なる遊びとしてならばともかく、いやしくも茶の湯の真髄《しんずい》を得ようとするならば、煩瑣《はんさ》とも思える点前の、繰り返しの稽古を厭《いと》うてはなるまい。

利休居士を信ずることである。

二　能と茶の湯――禅との深い関わり

◆茶会で実現した禅と能と茶の湯の交わり

能と茶の湯が、禅と深い関わり合いがあることは、例えば一休宗純《いっきゅうそうじゅん》（一三九四～一四八一）を開祖とする洛北の大徳寺真珠庵《しんじゅあん》に、能の大成者観阿弥《かんあみ》（一三三三～一三八四）・世阿弥《ぜあみ》（一三六三～一四四三）父子や、茶道の開山といわれる村田珠光《むらたしゅこう》（一四二二～一五〇二）のお墓があることからも、察せられる。

このことは能の「幽玄《ゆうげん》」と、茶道における「わび」という美意識も、禅の「無《む》」思想の大きな影響を受けているであろうことを、示唆《しさ》している。

世阿弥や珠光の生きた時代は、一休禅師という巨魁《きょかい》がいた。

そこで一休を中心とした彼らの交わり、すなわち禅と能と茶の湯の交わりを、具体的な姿で触れるために、それを茶会という形式で考えてみることにした。

これに関して、私は幸いに能楽の金剛流《こんごうりゅう》二十六世宗家《そうけ》金剛永謹《こんごうひさのり》師を正客《しょうきゃく》として、松源院《しょうげんいん》の茶室「幽庵《ゆうあん》」で茶会を行う機会を得たのである。嬉しいことには、永謹師が茶会後、江戸時代の庄屋の二階を改造した坐禅堂で、能「定家《ていか》」の一部分を舞われる、という栄に浴した。

茶会の主題を「**能と茶の湯と禅**」として、一休─世阿弥─珠光に因《ちな》んだ道具立てを考えていたが、永謹師が能「定家」を舞われるということで、思案にくれてしまった。

歴史的人物としての、平安時代末から鎌倉時代前期にかけての歌人**藤原定家**《ていか》（一一六二～一二四一）が、前面に出てしまうのである。

本席に定家の「歌切れ《うたぎ》」でも掛けられるのであれば、最高の舞台装置となろうが、そんなものが小生の手元にあるわけはないし、第一そうなったら、当初から考えていた主題にそぐわないものとなる。

そこで、歴史上の藤原定家には直接触れずに、あくまでも能「定家」にそっての表現に留めることにした。そのことによって、むしろ能の大成者である世阿弥の匂いを嗅《か》げるかもしれないし、茶会の進行も盛りあがってゆきそうである。

次に、会記を掲げる。

平成十一年十二月

会記　　於　奈良県松源院　幽庵

寄付《よりつき》

床　飯尾宗祇《いいおそうぎ》書状　室町時代　古筆了伊《こひつりょうい》極《きわめ》

本席

床　一休筆一行書　金毛獅子《きんもうしし》変成鼠《へんじてそとなる》

釜　鉄霰丸釜《てつあられまるがま》　巴文蓋《ともえもんふた》

炉縁《ろぶち》　大徳寺金毛閣《きんもうかく》古材

水指　手桶信楽《ておけしがらき》　空中《くうちゅう》造

茶入　古瀬戸肩衝凡手《こせとかたつきおよそで》　破風窯《はふがま》

茶碗　珠光青磁《しゅこうせいじ》

茶杓　珠徳《しゅとく》作　竹《たけ》

茶　金毛の昔　一保堂詰

菓子　葛「白山」　大宇陀・豆よし製

菓子器　江月盆《こうげつぼん》

薄茶席《うすちゃせき》

床　　能面　泥眼《でいがん》　桃山時代

花入　鼓胴《かんぽ》丸文　江戸時代

花　　寒牡丹《かんぼたん》

釜　　国師釜《こくしがま》　前大徳寺管長中村祖順老師書「妙法」の文字鋳

水指　李朝染付《りちょうそめつけ》　芦文《あしもん》

茶器　利休型　沈金《ちんきん》　定家葛下絵和歌散らし書き　石本愛子造

茶碗　黒楽　銘墨染《すみぞめ》　楽家当代吉左衛門造

茶杓　宗旦作　銘夢　共筒

茶　　小倉山　小山園詰

干菓子　京都　亀屋伊織製

菓子器　高杯《たかつき》　室町時代　春日社　伝

◆茶会の実際

さて、茶会の順序に従って、話を進めたい。

寄付《よりつき》

入ってすぐの部屋である寄付には、連歌師宗祇《れんがしそうぎ》の次の書状を掛けることにした。

文箱熟拝見申候　珍重候
御不審之事懸意　書付置候
詠哥大概之聞書　御写候者
可返給候　昨日肖柏同道而
京極黄門石誌参候
　あけハ又いつかは今夜秋の月
瓦礫書付入候て参候
　返りせん□□□
十四日　　　宗祇　花押

（文箱《ふばこ》熟《つらつら》拝見申し候《そうろう》、珍重《ちんちょう》に候
御不審之事《ごふしんのじ》意に懸《か》かり　書き付け置き候
詠哥大概之聞書《えいかたいがいのききがき》　御写《おんうつし》候はば

返し給《たま》はり可《べ》く候　昨日肖柏《しょうはく》同道して
京極黄門《きょうごくこうもん》の石誌《せきし》に参《さん》じ候
あけハ又いつかは今夜秋の月
瓦礫《がれき》書き付け入り候て参り候
返りせん□□□
十四日　　宗祇《そうぎ》　花押《かおう》）

宗祇（一四二一～一五〇二）、姓は飯尾《いいお》。室町時代末期の連歌師であり、青年時代は相国寺《しょうこくじ》（京都市）に在籍したこともある禅僧である。連歌を心敬《しんけい》、和歌を飛鳥井《あすかい》雅親《まさちか》に学び、**古今伝《こきんでん》授《じゅ》**を**東常縁《とうのつねより》**（一四〇一～一四九四）より受けた。

この古今伝授を一つは、右の書状に名の見える**牡丹花肖柏《ぼたんかしょうはく》**（一四四三～一五二七）に伝えた。これは堺伝授《さかいでんじゅ》といわれ、もう一つは二条伝授といって、**三条西実隆《さんじょうにしさねたか》**（一四五五～一五三七）に伝えた。これはさらに**細川幽斎《ゆうさい》**（一五三四～一六一〇）にと伝わるのである。

宗祇は一生涯を旅で過ごし、越後（新潟県）から帰京の途中、箱根湯本（神奈川県）で亡くなったが、各地の守護大名などに連歌を教えるとともに、京の文化を伝える役割も担《にな》った。

後年、江戸時代の**芭蕉**《ばしょう》は『笈《おい》の小文』の中で、「西行《さいぎょう》の和歌における　宗祇の連歌における　雪舟《せっしゅう》の絵における　利休が茶における　その貫道するものは一なり」と言って、宗祇を「**わび**」の**系譜**に連ねている。

芭蕉がその宗祇の前に位置づけた**西行**（一一一八〜一一九〇）は、藤原定家とは知己《ちき》であり、『新古今和歌集』を代表する二人でもあり、定家はこのたびの能「定家」の陰の主人公である。書状の中にある『詠歌大概《えいかたいがい》』は定家の歌論書であり、「京極黄門」とは京極中納言《ちゅうなごん》、すなわち定家のことである。

このように見てくると、能「定家」がこの茶会には、なじまないのではないかと思っていたが、かえって重厚性を与えてくれることになった。

芭蕉が「わび」の系譜の最後に掲げた**利休**、今回の茶会そのものが利休なくんばで、利休とくればこのたびの茶会では、茶の開山**村田珠光**を思わないわけにはゆかない。

書状の内容は、「御手紙つらつら拝見したが、疑問のところは書いて置いた。『詠歌大概之聞書』を書写したならば、御返し願いたい。昨日弟子の牡丹花肖柏と一緒に、定家のお墓参りをしてきた。その時一句、

あけハ又いつかは今夜秋の月

と詠み、近くにあった瓦礫に書きつけて来た」

ということであろうか。

宗祇は、古今伝授をしているが、定家の『詠歌大概』は、当時は歌道を極めた人でなければ、見ることはできなかったものと思われる。それを書写させるとはよほどの人で、書状の内容から肖柏でないことは明らかであるから、もしかすると三条西実隆かもしれない。

そうなると、ここにまた、一休と同時代の巨星が登場することになるが、書状には残念ながら宛名がない。書状の最後、「秋の月」の歌であるが、今回の茶会は初冬の季節に行われたので、季節的には面白くないように思える。

だが、金剛永謹《ひさのり》師が演ずる能「定家」に登場する式子内親王《しょくしないしんのう》（?〜一二〇一?）の歌に、

　　玉の井の氷のうへに見ぬ人や
　　　月をば秋のものといひけん

というのがある。

式子内親王は、二十歳位まで洛北の賀茂《かも》神社の斎院《さいいん》として仕えていた。冬の厳しい寒さのなか、忘れようもないほどの、冴え冴《さざ》えとして氷に映った月の美しさを見ている。月と言えば誰

もがすぐに、秋の月を想うだろうが、冬の凍《い》てついた月こそ素晴らしいですよ、と従来からの多くの人たちの月への想い入れを揶揄《やゆ》しているのである。

永謹師は、その賀茂（京都市北区）にお住まいである。「秋の月」から「冬の月」へと、想いを巡らされるであろう。

『詠歌大概』や「京極黄門」によって定家の名が出、さらに永謹師の舞う能「定家」。お互いに関連し合って、「能」の筋書きは真っ直ぐに通ってくる。

能「定家」は世阿弥の女婿、**金春禅竹**《こんぱるぜんちく》（一四〇五〜一四七〇？）の作である。禅竹には世阿弥の芸の血が流れている。世阿弥は晩年、佐渡島（新潟県）に配流となったが、京に戻るにあたって一休のなにがしかの力があったと言われるし、禅竹は一休に参禅するために、その居を一休の住む山城《やましろ》薪《たきぎ》（京田辺市）の酬恩庵《しゅうおんあん》の近くに構えたほどである。

世阿弥も禅竹も共に一休と深い関係にある。こう見てくれば、宗祇の一幅の書状の中に、私の意図するものが、すべて含まれていることになる。

あとはこれまで述べたことの精神的背景をなす禅に関しての、具体例を提示するばかりである。それを本席の床に、一休禅師の墨蹟《ぼくせき》をもってすることにした。

◆茶会の中心――本席

金毛獅子《きんもうのしし》 変成鼠《へんじてそとなる》

茶会における最も中心となるべき席が本席であり、さらにその中心となって床に掛けられるのが墨蹟《ぼくせき》である。

利休は「墨蹟を以て第一とす」と言っている。**一会の茶室に仏国土の出現を促《うなが》す**ためである。「金毛獅子」とは、父母未生《ふぼみしょう》以前、本来無一物のところを表現した語である。自己の臍下《へそした》三寸、丹田《たんでん》の底の底を覗《のぞ》いてみよ。何も無《な》い。無《む》だ、空《くう》だ。

しかしこの塵《ちり》ひとつない清浄《しょうじょう》たる鏡とも言うべきものには、鼠も猫も、男も女も子どももも老人も、善人も悪人も、白鳥も色の黒い鳥も、天も地も、ありとあらゆるものがそのまま、すっぽりと収まるではないか。

そこが仏だ。その仏のうちにすべてが収まり、救いとられている。救いとられているならば、それがそのまま仏だ。全体が部分であり、部分が全体である。これを「金毛獅子」と言った。しかしこの「金毛獅子」はまた、鼠《ねずみ》どころかどんなものにも変化する。千変万化自由自在。しかし「金毛獅子」それ自身からは、ちっとも離れておらぬ。「途中に在って家舎《かしゃ》を離れず」か。

一休は髑髏《どくろ》をつけた杖をつきながら、「門松《かどまつ》は冥土《めいど》の旅の一里塚　めでたくもありめでたくもなし」と歌って、堺《さかい》（大阪府）の町を歩き回った。ある時には、大徳寺の大燈《だいとう》国師の開山忌の前夜、すなわち宿忌《しゅくき》に他の僧たちが誦経《ずきょう》しているというのに、自分は美人に対している、などと詩に詠んで嘯《うそぶ》いている。

行い澄ましている一休が本物なのか、身を乞食僧にやつして遊女と戯れている風狂の一休が本物なのか。仏が本物なのか、鼠が本物なのか。人を誑《たぶら》かせ守銭奴《しゅせんど》となり、名誉と権力に執着して俗人に成り下がった似非《えせ》坊主どもには判《わか》るまい、というわけだ。

一休は、後小松天皇の御落胤《ごらくいん》といわれる。貴種である。大徳寺の華叟宗曇《かそうそうどん》について法を嗣《つ》いだ。その上で一休は強烈な個性で、当時の禅界を批判し続けた。その一休のところへ、のちに茶の開山となる**村田珠光**《しゅこう》が参叩《さんこう》するのである。珠光は興福寺の末寺であった**称名寺**《しょうみょうじ》（奈良市）で出家した。下剋上《げこくじょう》の時代である。珠光は何らかの事情で奈良を辞し京に向かった。三十歳頃、一休に参禅し、後には**圜悟克勤**《えんごこくごん》（一〇六三～一一三五）の**墨蹟**《ぼくせき》を印可状《いんかじょう》として譲られる。

こうした因縁を、本席では一休墨蹟に対して、珠光が愛用したといわれる手の珠光青磁《しゅこうせいじ》茶碗を、さらには珠光の茶杓《ちゃしゃく》の下削り職人と言われる珠徳《しゅとく》の竹の茶杓をもってした。

珠光は八代将軍**足利義政**《よしまさ》（一四三六～一四九〇）に召し出され、茶の湯の指南となるが、それまでの書院茶を、**四畳半の草庵《そうあん》の「わび茶」**に改めた。これが安土桃山時代に入ってから、利休が大成する茶の湯の深源となった。それゆえに珠光は茶湯開山《ちゃとうかいさん》と言われる。

珠光が「わび茶」の中で主張した精神（美意識）に、例えば**「冷え枯れる」**と言われるものがある。これは、宗祇の師にあたる心敬《しんけい》の連歌論中の「ひえかれる」、「枯れかじけて寒けれ」によるものであろうけれども、珠光の意識の中で、一休のもとで培《つちか》ってきた禅の深淵に対照させ、咀嚼《そしゃく》した上での引用であろう。

自己を殺し尽くした果てからの、すなわち自己解体をはかったところからのぎりぎりの言葉が、「冷え枯れる」であると思う。この境界《きょうがい》からは、あらゆるものの光の存在が認められる。眼の鱗《うろこ》が落ちたように、それ以前のものとは、ものは同じであっても、それ自体の存在の美しさは比べようもない。

ものの真髄が見えるというか——。

そうなれば、麁相《そそう》（粗末・粗略）なるものは麁相のままで、完結していることが判る。

このような珠光が好んだ茶碗は、従来の官窯《かんよう》で作られた砧青磁《きぬたせいじ》のような美しさこれに極まれり、といった青肌に針の穴一つない完結品とはほど遠い。色は緑青磁に松葉色がまざったり、黄褐色であったりで、俗に「下手《げて》もの」と言われる。優美・典雅といったような装飾は取り払われて、飽くまでも原点に近いのである。

それは覚めた人の心象風景である。ここのところを、珠光は「冷え枯れる」と称したのではないか。これはまた**「わび」**にも連《つら》なることである。

しかもこのような「冷え枯れ」たところからも、春になれば草木が青々とした芽をいっせいに吹き出すように、また家の奥に引き籠《こも》っていたものが、春の陽光に誘われて戸外に出て来るように、いったん原点に立ち帰ったものは、それ自身を再編成して再び美しきものとして生まれ変わってくる。「冷え枯れ」の中に、「わび」の中に、すでに新しい胎動《たいどう》があるのだ。**麁相《そそう》の中にこそ豊饒《ほうじょう》が約束されている。**

珠光はその上、さらに「藁屋《わらや》に名馬つなぎたるがよし」と言って、対照の妙を掲《かか》げる。全《まった》き精神、すなわち美は、調和の巧《たく》みにあり、とでもいうのか、藁屋と名馬、小と大、右と左、部分と全体等々、相対立するものを対比させることによって、円満なる世界の実現を目論《もくろ》んでいるように思われる。

このようなことは、能と狂言の関係も同じことである。能における歌舞《かぶ》・幽玄・仮面・悲劇に対する、狂言におけるせりふ・物真似《ものまね》・直面《ひためん》・喜劇といった具合に。二つにして一つである。

いずれにしても、有とか無とか、どちらか片方だけでは世界は成り立たぬ、というのが禅の根本主張であり、茶の湯においても、能においても、そのことは変わらない。

このたびの茶会で素晴らしいことは、このような道具立ての中で、能楽師と禅僧が茶を媒体として、実際に直接対座しているということであった。

正客である金剛永謹師は、中世の大和猿楽《やまとさるがく》四座（金剛《こんごう》・観世《かんぜ》・宝生《ほうしょう》・金春《こんぱる》）の一つ、金剛座の流儀を継承する二十六世宗家《そうけ》であり、対する私は、鎌倉末から南北朝時代の禅僧大徳寺開山宗峰妙超《しゅうほうみょうちょう》から一休や沢庵《たくあん》を経て、現在に至る紫野《むらさきの》仏法《ぶっぽう》の法孫《ほうそん》である。

この二人が一休の墨蹟である「金毛獅子変成鼠」を掛け、一休の弟子であった村田珠光の好みと言われる珠光青磁茶碗を間に置いて、対座している。この後に永謹師が能「定家」を舞う―能と茶の湯と禅と。

本当を言えば、これだけでもう十分すぎるほど十分なのだ。「寄付《よりつき》」での宗祇書状によって触発されたものは皆、二人の精神の懐《ふところ》深くに未生以前から流れ来たっているはずのものだ。

ここでは、もはや言葉は不要である。

亭主《ていしゅ》が濃茶《こいちゃ》を練り、正客《しょうきゃく》がそれを喫《きっ》する。ひたすらにお互いの一挙手一投足を観《み》ながら、それをまたお互いが心の中で反復しあう。まさにそこに客と主人との賓主互換《ひんしゅごかん》が行われている。静かな悠久の時が流れるだけである。

◆薄茶席《うすちゃせき》での能「定家」

薄茶席は本来は、本席（**濃茶席《こいちゃせき》**）が重いものなので、軽くつとめるのが定石《じょうせき》であろうが、行きがかり上、この席で能「定家」を前面に押し出さねばならなかった。定家の永劫《えいごう》に続く恐ろしい怨念《おんねん》が書かれていて、内容が内容だけに暗くて重いが、結末でシテが成仏するということであれば、暗（重）から明（軽）への転換となるので、これはこれで良いであろう。

最初に能「定家」のあらすじを見ておきたい。作者は**金春禅竹《こんぱるぜんちく》**。頃は初冬の神無月《かんなづき》（十月）十日余り、都見物の北国の僧（ワキ）が洛中の千本あたりで時雨《しぐれ》に会い、雨宿りしているところへ、一人の里女（前シテ）が現れて、話しかけて来た。ここは昔、藤原定家が建てた時雨の亭で、時雨の頃になると、定家はここに来て歌を詠《よ》んだものであった。折しも今日は定家の命日であるので、菩提《ぼだい》を弔《とむら》って戴きたいと、墓所に案内する。僧が里女と一緒に行ってみると、後白河天皇の三女**式子内親王《しょくしないしんのう》**のお墓があり、そこには形も定かでなくなるほどの蔦葛《つたかずら》がまとわりついていて、定家葛《ていかかずら》であると言う。

式子内親王がまだ若い頃、賀茂《かも》の斎院《さいいん》を退いたが、その後、定家と人目を忍ぶ深い契《ちぎ》りを結ぶようになりながら、間もなく亡くなった。しかし定家の内親王に対する恋は妄執の葛となって、今なお内親王の墓に取り付き、二人ともその苦しみから離れることができないでいる。そのように里女は説明しながら、何を隠しましょう、実は、私がその式子内親王なのです、この苦しみをどうぞ救ってくださいい、と言いながら消えてしまうのであった。

不思議に思って旅の僧が法華経《ほけきょう》を誦《じゅ》していると、お墓から憔悴《しょうすい》し切った式子内親王（後シテ）の霊が現れ、只今のお経は『法華経』の七喩《しちゆ》（「法華の七喩」）のうちの「薬草喩品《やくそうゆほん》」ですね、おかげさまでその功力《くりき》で成仏《じょうぶつ》いたしました、と、お礼に舞を舞って、再びお墓に帰ってゆくのである。しかし、お墓には前と同じく、また葛がまとわりつく。

この席の床には「泥眼《でいがん》」の面《おもて》をかけた。定家の妄執に取りつかれ、醜《みにく》い葛城《かつらぎ》の神のような姿となった式子内親王の象徴である。普通は「痩女《やせおんな》」の面がよく使われる。

花入《はないれ》は、能舞台で使用する、鼓《つづみ》を利用した鼓胴丸文《こどうまるもん》で、金で円相《えんそう》の中に定家葛が描かれたものである。薄器《うすき》は利休型中棗《ちゅうなつめ》で、沈金《ちんきん》の定家葛の絵の上に、「なげくともこふともあはんみちやなき　きみかつらぎのみねのしらくも」と定家の歌を銀で散らし書きしたものである。

曲中、内親王と定家の恋が世間に洩《も》れ知られるようになり、逢瀬がかなわなくなった時の苦しみを詠んだのであるが、このような執心《しゅうしん》がついには定家葛となって、墓にまでまといつくことになったのである。

式子内親王の内奥を映し出す泥顔の面↓心の苦しみを訴える定家の歌をほどこした棗《なつめ》↓二

人の妄執の恋の心情を音で表現する鼓の鼓胴花入—能と茶の湯の二つの舞台が、同時に目の前に現出するほどの出会いである。この上は、なおも地獄の苦しみに、陥《おちい》っている内親王を救う、旅の僧に見会うものが必要である。

旅の僧の誦した『法華経』の正式の名は『妙法蓮華経《みょうほうれんげきょう》』であったが、それを表現するものとして、この経の上の二文字の「妙法」を、前大徳寺管長の中村祖順老大師が揮毫《きごう》されたものを鋳込《いこ》んだ国師釜《こくしがま》を掛けた。

茶碗は銘《めい》「墨染《すみぞめ》」で黒楽茶碗。楽家《らくけ》当代吉左衛門の作である。

楽茶碗には宗旦《そうたん》の茶杓《ちゃしゃく》は必要であろう。銘は「夢」。

そして、香合は牛の絵の古染付。牛は聖なる乗り物。廓庵《かくあん》禅師の「十牛図」にもあるように、人はみな**「牛」によって悟境へ、極楽の世界へと導かれる**のである。

これで薄席における能「定家」の物語は、無事円成《えんじょう》（終り）ということになりそうであるが、曲中での式子内親王は再び定家葛にまとわれたではないか。本当に救われたのだろうか。

内親王は僧の誦経《ずきょう》の功徳《くどく》によって救われたと言って、報恩の舞を舞った。

世阿弥はその書『花鏡』の中で**「無心の位《くらい》」**を言った。稽古に稽古を重ねることによって「無心の位」に達し、解脱《げだつ》をはかった。そのようなところからこそ、**「幽玄」**味がおのずと醸《かも》し出され、それが見る人の感動を誘うのである。

「無心の位」とはすべてを否定し尽くしたところである。そこのところが禅との共通項となるのだが、内親王もあの舞のさなかには、すべてを否定した純粋な、何もかも受け入れられる心境となっている。それを肚《はら》の底から納得したのであれば、あとは天国へ行こうが、地獄へ行こうが、どちらでも同じことではないか。定家の妄執に取りつかれようが、本来、無き身と知れるならば、それはそれでまた楽しいではないか。「金毛獅子変ジテ鼠ト成ル」である。

また、こうも言える。

シテの式子内親王の亡霊は、現実の世界における旅の僧（ワキ）の意識の流れの中にある。すなわち旅の僧の光影である。内親王が救われない、ということは、旅の僧自身も救われていない、ということになる。しかし、曲中で旅の僧は、内親王を事実成仏させている。旅の僧は悟境《ごきょう》に達している。僧は救われているがゆえに、内親王も救われていることになる。

さらに言うならば、この舞台を見ている人（見者《けんじゃ》）にとっても、舞台上での出来事はそのまま見者の意識の流れ、光影である。従って舞台上の救済劇は、見者の救済劇でもあるのだ。

私はこのたびの金剛永謹師の能「定家」を一対一で、一人の禅僧として、まるでワキ役のようにして近くで観せて戴いた時に、痛切にそのことを感じた。

過去と現在という次元の異なるシテとワキの同時登場は複式夢幻能《ふくしきむげんのう》と言われるが、演者と見者との複雑にからみあった構成もまた、夢幻能そのものである。

◆無位真人《むいのしんにん》

「幽玄」の複式夢幻能と「わび」の茶の湯、それに「無」思想の禅。

能は最初、なにもない舞台に、幕の中のお調べによって、やがてシテが登場し、舞い了《おわ》れば退場して、舞台上になにも残さない。

茶の湯もまた、なにもない（厳密には釜があるが）茶室に、道具を運び出し、亭主も客も入り一座建立《いちざこんりゅう》ということになって、最後はやはり人も道具もなにもかも引いてなくなる。

禅の方では、たとえば臨済宗を開いた唐の臨済義玄《ぎげん》（?〜八六七）の言った「無位真人《むいのしんにん》」（世阿弥の言った「無心の位」である）という言葉がある。これは「赤肉団上《しゃにくだんじょう》一無位《いちむい》ノ真人《しんにん》有リ、汝等諸人《なんじらしょにん》ノ面門《めんもん》ヨリ出入ス」とあるところからの語であるが、能舞台や茶室でそうであったように、この「無位真人」は、個人はもちろんのこと、全宇宙規模での「無」から「有」に出て、また「無」に帰すものである。

三者とも現実の日常底をいったん否定し尽くした「無」の、非日常底の世界に入って、再び日常底に戻ってくるのである。以前の日常底と以後の日常底の違いは言語を絶する。意識の再編成が行われ、新たなる世界が作り出される。創造的主体性の出現である。大死《たいし》一《いち》番絶後《ばんぜつご》に再蘇《さいそ》（一度死に切って、のちに再びよみがえること）というところである。

禅においては**坐禅**が、能や茶の湯においては**型の繰り返しの稽古《けいこ》**が、「幽玄」や「わび」という新たな美意識を匂い立たせる。

能の世阿弥・金春禅竹、茶の湯の村田珠光、連歌の心敬《しんけい》・宗祇、絵画の雪舟らが独特の創造力を発揮したこの時代は、八代将軍足利義政《よしまさ》の銀閣寺に代表される東山文化と言われるが、彼らの多くが、直接・間接的に**禅の「無」思想の洗礼**を受けていた。その強烈な牽引者《けんいんしゃ》が**一休**と言って良いであろう。

本席の床に「金毛獅子変成鼠」の一休墨蹟を掛けた所以《ゆえん》である。

一休墨蹟
「金毛獅子変成鼠」

三　一休《いっきゅう》禅師《ぜんじ》と茶の湯開山村田珠光《むらたしゅこう》の出会い

◆一休と珠光の関係を示す資料

東山文化を彩った人々の中で、一休宗純《いっきゅうそうじゅん》（一三九四〜一四八一）と茶の湯開山《かいさん》村田珠光《しゅこう》（一四二二〜一五〇二）との交流は特筆されるが、その虚実は明らかにはなっていない。あれほど多くのことを書いた一休の『狂雲集《きょううんしゅう》』や『自戒集《じかいしゅう》』をはじめ、一休の一番弟子の没倫紹等《もつりんしょうとう》の記した『東海一休和尚年譜《とうかいいっきゅうおしょうねんぷ》』にも珠光の名は見いだされない。

二人の交流は、一休没後一〇七年、珠光没後八十六年に書かれた『山上宗二記《やまのうえそうじき》』（一五八八年）によって、ようやく知ることができる。山上宗二（一五四四〜一五九〇）は堺《さかい》（大阪府）の人で、茶を千利休に学んだ茶匠であった。

珠光側の、一休との関連を裏づける資料も少なく、大徳寺の塔頭《たっちゅう》のひとつ真珠庵《しんじゅあん》に伝わる一休の十回忌《き》と十三回忌の過去帳《かこちょう》に珠光の名が見いだされるのみである。なお、一休三十三回忌の過去帳に、珠光の跡目《あとめ》である「宗珠《そうしゅ》」の名がある。これは師の珠光の代参であるとも考えられ、一休と珠光の関係を間接的に示すものともとらえることができる。

しかしこれらの資料では、二人の関係を明らかにするには推測の域を出ない。このため、「一休と珠光は本当に出会ったのか」ということに疑問をもつ人もいる。しかし、私はこの二人は以下のような理由から直接面識を持っていたと考えてよいと思う。

◆一休画讃に見る二人の関わり

私は、二人の関わりを明示することになる一休画讃《がさん》の幅《ふく》を見る機会に恵まれた。それには茶の木を鋤《す》く臨済《りんざい》禅師と、茶を摘《つ》む潙山《いさん》禅師が描かれていて、次のような讃がなされている。

臨済《りんざい》ハ鋤《す》キレ茶ヲ　潙山《いさん》ハ摘《つ》ムレ茶ヲ　趙老《じょうろう》ハ喫《きっ》シレ茶ヲ　雲巌《うんがん》ハ煎《せん》ズレ茶ヲ
古徳《ことく》因《より》テレ茶ニ　商《しょう》二量《りょう》ス這事《このじ》ヲ一
太多生《たいたせい》也
珠光老人《しゅこうろうじん》曾《かつ》テ参シ二吾龍寶山《わがりゅうほうざん》裏ノ禪ニ一而専《もっぱ》ラニス二嗜茶《しちゃ》之道ヲ一
縦《たと》ヒ雖《いえど》モレ至ルト二嗜茶之奥ニ一　不レレハ曾《え》二得《とくせ》教化《きょうか》之心ヲ一
豈《あ》ニ得レテンヤ作《な》シ二這般《しゃはん》之語話ヲ一

可《べシ》レ謂《いっツ》　知《リ》ニ禅味《ヲ》一去《テ》　而《しこうシテ》　掌《たなごころニス》ニ　茶味《ノ》　道《ヲ》一也

東海純一休老衲謾賛　景國

実はこの讃とほとんど同じものが、京都の平瀬《ひらせ》家に蔵されているのである。それは、珠光の真筆《しんぴつ》といわれる「心の文」の脇に記され、江戸時代前期の正保《しょうほ》三年（一六四六）に小堀遠州《こぼりえんしゅう》（一五七九～一六四七）の要請によって、大徳寺一八一世の江雪宗立《こうせつそうりゅう》（一五九五～一六六六）が識語《しきご》として書いている。

画讃の一節にある**「珠光老人は曽《かつ》て吾が龍寶山裏の禪に参ず」**は、まさしく珠光が「龍寶山裏」すなわち大徳寺の禅を体現している「吾《われ》」一休に参じたということを、明確に宣言していることになるのだが、どういうわけか一休と珠光との師弟関係はなお虚実なかばで、市民権を得られていない。

「心の文」の識語は、一休画讃のものとは異なる部分も見られ、時代のずっと下がる室町時代のこの一休画讃が真蹟《しんせき》であるならば、これが「本歌《ほんか》」となって、江雪宗立のそれは「写し」ということになる。

一休画讃には、墨跡研究家の田山方南《たやまほうなん》氏の箱書《はこがき》（昭和四十年八月）がある。また平成九年には『茶の湯　数寄《すき》とふるまい展』（JR京都駅伊勢丹美術館（えき）Kyotoの開館記念展）中に出品されており、これは斯界《しかい》の権威者たちの監修によるものであって、一休画讃を真蹟として扱っているとみてよい。

◆落款《らっかん》に託された珠光への思い

そんなことに想いを巡らせているうちに、ふと気がついたことがあった。一休画讃の「東海《とうかい》純《じゅん》一休老衲謾賛」の下に押された「國景《こくけい》」の落款《らっかん》についてである。國景は、狂雲子《きょううんし》、夢閨《むけい》、瞎驢《かつろ》、曇華《どんげ》と共に、一休の号《ごう》である。

一休は自分こそが純粋禅の伝統を受け継ぐ者だとして、自身を「大燈五世孫《だいとう》」とか、「虚堂《きどう》七世孫」あるいは「一人荷擔《かたんス》　松源《しょうげんノ》　禅《ぜん》」などと表現している。

中国宋《そう》時代の『碧巌録《へきがんろく》』の編著者でもある**圜悟克勤**《えんごこくごん》もまた純粋禅の継承者の一人であったが、彼の後に続くのが松源崇岳《しょうげんすうがく》や虚堂智愚《きどうちぐ》などであり、その法はついには、日本の**応燈関**《おうとうかん》（大応国師・大燈国師・関山慧玄 ⇩72ページ）に至っている。このような関係から圜悟は一休の尊崇あたわざる人であった。この圜悟の法嗣《はっす》に護國景元《ごこくけいげん》がいる。

一休の「國景」号は、この護國景元の中間の二文字から取ったのである。

このことは、一休が先に見たような自分自身を「大燈五世孫」とか、「虚堂七世孫」などとあからさまには言わず、今度は圜悟克勤の法嗣の護國景元に自身を託すことによって、自分は圜悟の法を嗣《つ》いでいるということを暗に示したのである。

そして圜悟の分身とも思う一休は、圜悟が護國景元に法を嗣がせたことに倣《なら》い、圜悟の墨蹟を珠光に与えることによって、法の授受の証とした。そのうえ、今また「珠光老人曽参吾龍寶山裏山禅」と書き、さらに「狂雲」でも「夢閨」でも「瞎驢」や「曇華」でもない、「國景」号の落款を人知れずここに使ったのである。この意味は、はなはだ重要である。

このことによって、『山上宗二記』に出てくる「珠光カ一休和尚ヨリ圜悟墨蹟ヲ得テ是ヲ一種ニ楽ム」や、博多の豪商である神屋宗湛《かみやそうたん》（一五五一〜一六三五）の『宗湛日記』天正十五年（一五八七）一月十二日の条の「圜悟ノ文字ハ一休ニ只《ただ》モライテ是ヲ珠光ノ表具セラルト也　珠光ハ一休和尚ノ法ノ弟子ニテ候間　只被進候《ただすすめられそうろう》也」などの記述から、一休が珠光に印可証《いんかしょう》として尊敬する圜悟の墨蹟を与えたと見られて来たことが、俄然《がぜん》現実味をもって迫ってくる。一休と珠光との邂逅《かいこう》は実際にあった、と言わねばならないようである。

四　香風《こうふう》の世界

◆朝の「香り」

夏の早朝の山寺は、さながら「香積界《こうしゃくかい》」ともいうべきものである。

香積界とは**維摩経《ゆいまきょう》に出てくるはるか天空の仏国土**のことであるが、少し肌をさす清澄《せいちょう》な冷気が、「霊気《れいき》」となって山寺をつつみこむと、そこに木槿《むくげ》や合歓《ねむ》や小さな花々に至るまでが、それぞれの花芯《かしん》から香気を吹き出す。とりわけ、鬼百合《おにゆり》の香りは、目眩《めまい》を覚えるほどである。

夜明けとともに、小鳥たちもいっせいに啼《な》き始める。今頃の鶯《うぐいす》の歌唱力は円熟してきていて、息がどこまで続くのかと危ぶむほど、連続して啼く「谷渡《たにわた》り」は圧巻《あっかん》である。また、瑠璃鳥《るりちょう》の玉をころがすような声、ほととぎすの空の高みから斜めに落ちる声。目には濃味を増した鬱《うっ》蒼《そう》たる樹木の陰影が、覆いかぶさるように迫ってくる。

突然、耳に入ってくる声も、目に見えてくるものもすべてが〝香〟となって、空間がむせかえるようなシンフォニーと化す。まさしく「香積界」である。

そうして私は「香り」と言う、一番深い音色《ねいろ》の海の底に身をゆだねながら、流れる調べに耳を傾けるのである。

色よりも　香《か》こそあはれと　おもほゆれ
誰《た》が袖《そで》ふれし　やどの梅ぞも　（読み人知らず）

［訳］梅は容形や色はとにかくとして、香りこそすばらしく思われるものだ。どのような方の袖に触れて、その移り香を残したのだろう。

と『古今和歌集《こきんわかしゅう》』にあるが、人間の五官（眼耳鼻舌身）のうち最も微妙で鋭敏なのは、嗅覚ではないだろうか。その嗅覚は、文明社会を嫌ったフランスの画家ゴーギャン（一八四八～一九〇三）をして南太平洋のタヒチ島にむかわせた。

ゴーギャンの描く、南洋の強烈な色彩の花を髪にかざした土着の女性の豊かな肉体から、われわれは大地の香りを嗅ぐことができるであろう。彼の「かぐわしき大地」（岡山県大原美術館蔵）を見てもわかるように、描かれているのは〝香り〟そのものなのである。ゴーギャンはタヒチ島に、原初の香気に満たされた天国を見ていた。

禅と香り

仏教の世界にも香りの天国はある。さきに触れた維摩経《ゆいまきょう》の「香積界」である。月は「桂輪《けいりん》」とも言われ、木犀《もくせい》のすばらしい香をはなつ桂《かつら》の木が生えているという伝説がある天国である。「香積界」もまた、この世から離れてある天国のことで、ガンジス川の砂の数ほど離れたはるかかなたにあるという。この香積界には、**香積如来**《こうしゃくにょらい》が住む。

維摩経の主人公であり、「維摩の一黙《いちもく》雷《らい》の如《ごと》し」と言われた**維摩居士**《こじ》が、ある日おおぜいの菩薩《ぼさつ》を招待しご馳走《ちそう》を供養しようと、この香積如来にお願いをした。香積如来はただちに、清浄な香りのする食事を菩薩衆につかわせられたのである。

この故事から、禅家では飯のことを「**香積飯**《こうしゃくはん》（略して**香飯**《きょうはん》）」と言い、庫裡《くり》（台所）のことを「**香積（局）**」とよぶ。私の寺の庫裏の入口にも「香積界」の額が掛かる。香積如来の力を借りて、幽《かす》かな合薫物《あわせたきもの》の香りのたちこめる清浄な空間としたいものである。

私の「香積（局）」での実際の食事は、朝は粥《かゆ》に香《こう》の物《もの》（漬物のことであるが、香飯に因《ちな》んだよい呼び名である）と梅干しと決まっている。鮎は香魚の別名があるが、大和の吉野川の鮎は春先に吉野山の散り降る桜の花びらを食べ、肌が淡いピンク色となるところから〝桜鮎〟とも言われる。われわれにとってはこの粥という「香飯」が、吉野山の桜のはなびらに替わるものであろう。サラリとしていながら、充分に炊き込まれた白いお米のほんのりとした香りを、椀から立ち上る湯気を面にうけながらいただく粥は、まさに「香飯」というより他はない。

私はいつもそれを香積如来からの賜《たまわ》り物として頂戴している。昨日一日、この汚い肉体の中にたまった悪気邪気《じゃき》を、真っ白な香飯が流し去ってくれるであろう。

◆若鮎

山中の入り乱れる草花などの甘やかな香りが、自然界での「香積界」を作り、さらに仏界での「香積界」という精神の憩いの場で、「香飯」を戴けることの幸せはこの上ない。

このようなことを日々、体験しているところへ珍客が飛び込んできた。室町時代から続く香《こう》道《どう》にたずさわるいずれ志野《しの》流第二十一世となるであろう蜂谷貞統君である。彼は、自らの身にたまった世間の垢《あか》を落とそうと修行にやって来た。そして、日々黙々と箒《ほうき》と雑巾《ぞうきん》を持って堂舎の塵《ちり》を払い、香積界で料理の腕をふるい、そうやって尽きることのない香飯を口にしている。

ついには吉野の香魚《こうぎょ》、〝桜鮎〟になれるか。そして、その〝桜鮎〟のはく息が香風となって、この山寺を吹き抜け、一点の曇りもない清浄法界にし、さらには、この国に沈滞せるなまぐさい風をもはらいさってくれるだろうか。

四

美にひたる

一　美の巡礼—ガンダーラ仏

◆白い裸体

闇の中に白い裸体が、そこだけが蛍火《ほたるび》のように、青白い幽《かす》かな光を発しているのであった。私が、まだ小学校にあがる前であったであろうか。

それよりもっと前、三歳ごろに大きな茅葺《かやぶ》きの屋敷が、子どもの火遊びによって跡かたもなくなった。そのあとに平屋建てのこぢんまりとした家が作られた。戦後まもない物資の不足のころで、家の造りも粗末で、夜の電灯も倹約をすすめられ、家の中はいつも薄暗かった。

そんなある夜なかに、ふと目をさますと、傍《かたわ》らにいるはずの母がいなくなっていた。子ども心に母のいない不安と寂しさとから、寝間の向こうに弱い光を放っている裸電球の下がっている台所に、半分眠りながら歩いていったのであった。

その台所のさらに奥には深い井戸があって流し場になっていた。横に風呂場があったが、電球はともっておらず、夜は深くおりていた。闇のほかには何も見えなかったが、その中央にほのかな影がゆらめいている。

私はなに気なく、じっと凝視《ぎょうし》していた。それが母とわかるまで暫《しばら》くの時間があった。母は子どもが自分を迎えに来たのだろうと思っていたのであろう、母もまた、こちらを見つめていたようであった。そのうちに母の手はゆっくりと動いて、着物を被ったのである。

あの時、母の身体と夜の闇との境を朧《おぼろ》にしながら、その芯《しん》のほうに近づくにしたがって燐《りん》のようにもえていたものの象徴するものは、一体なんであったのだろう。

◆美の女神ミロのヴィーナス

高等学校の修学旅行は京都であった。そこで私は土産物店の京人形の並んでいる所に、およそ場違いのミロのヴィーナスを見つけたのである。高さ六十センチほどのものであったが、かさばることも、重い荷物となることも厭《いと》わずに買い求めた。

ショーウィンドウの光線が、白い石膏《せっこう》のヴィーナスの肌を陰影の富んだものにして、私をひきつけてやまなかった。

写真で多くのギリシャ彫刻を見てきていたが、安物の模造品とは言え、実際の立体像としてのそれを、自分の占有物とすることの思いは、また格別であった。

京土産として持ち帰った私は、それを狭い部屋の本棚にのせて、勉強や読書に倦《う》むと、あくことなく眺め入った。

そうしているうちに、いつかこのヴィーナスの本物を見たい、という気がふつふつと湧《わ》いて来たのである。それが実現されるまでには、二十五年の長い年月を要することになる。

パリのルーブル美術館の地下のうす暗い静まりかえった部屋に、他の彫刻品と共にそれはあった。模造の小さな石膏像のように、ただ白い形の良いだけの彫刻ではない。大理石のその像からは青白い微光がにじみ出ていて、しかし、それでいて全体の雰囲気は温かい。

左肩をややあげて、腰を軽く右にひねった静謐《せいひつ》そのものとも言えるような白い、そして見事に均衡《きんとう》のとれた肉体。

なんといってもまず目がゆくのはその顔である。白毫相《びゃくごうそう》（眉間《みけん》にあって光明を放つという仏相のひとつ）そのものとなったような額《ひたい》の中央で、二つにきれいに分けられて波のうねるように整えられた髪型。自己の中をのぞき見るように見開かれた知性的な眼。筋の通った高い鼻梁《びりょう》は、この像の高貴性をそのまま表現しているかのようである。

軽くむすんだ唇の両端は少しへこみ、良きもののすべてを飲み込んでいる風情である。乳房も軽く張りつめて寸分《すんぶん》のゆるみもなく、下にゆくにつれ腹の筋肉もひきしまり、微妙な肉付の

ミロのヴィーナス（フランス・ルーブル博物館蔵）

凹凸は淡い影となって目に焼きつく。

この本物の皮膚のようになめらかな感触が、どうして冷たい大理石という一箇の物質に付与され得るのであろう。

細すぎも太すぎもしない、典雅な肉体が人体の理想美といわなくてなんであろうか。

美の女神ミロのヴィーナスに会えたことの喜びの中で、幼い頃、母の奥深くに見たものが実は**美のイデー**（観念・理念）であったことを知ったのであった。

神業《かみわざ》に近い人の手によって、美神にもっとも近い女性、いや女神そのものを作り得たのは、古代ギリシャの最盛期、紀元前四世紀ごろであったと言われる。

◆ヘレニズム文化の浸透と仏教文化の成立

そのころ、**マケドニア**の王**アレクサンドロス**（紀元前三五六〜三二三）は全ギリシャを支配し、東方はシリア、ペルシャを破り、その範囲はインダス川に及ぶ大帝国を作りあげていた。

この遠征中にアレクサンドロスは、征服地に多くの都市を建設し、ギリシャ人やマケドニア人を住まわせた。このことによって、ペルシャから中央アジア西部に至るまでの広範囲にわたり、ギリシャ文化が植えつけられることとなる。

ギリシャ彫刻の影響をうけたガンダーラ仏・弥勒菩薩交脚《こうきゃく》倚像《きぞう》
（「平山郁夫コレクション、ガンダーラとシルクロードの美術」展より）

それは、いわゆる**ヘレニズム文化**として、多種多様の民族の混交と共に、それぞれの地域、特にイラン、イラクの文化と混じりあって、独自の文化を作り出した。

その大きな影響を受けたもののひとつが、**ガンダーラ美術**と称される中の**ガンダーラ仏**である。紀元一世紀中ごろから三世紀後半にかけて、現在のパキスタン西北部、インダス川上流に興《おこ》った**クシャーナ朝**によって展開された。このガンダーラ仏の美意識を遡《さかのぼ》ってゆくと、先述の世界最高の美とも言える古代ギリシャ彫刻の精髄《せいずい》**ミロのヴィーナス**に至りつくのである。

アレクサンドロス大王の東方遠征よりわずか五十余年前に入滅《にゅうめつ》したとされる**釈尊**《しゃくそん》（紀元前四六三～三八三）の教えとしての仏教は、紀元前五世紀前後から各地に広まり始めていた。

その後、紀元前三世紀、インドの**マガダ国マウリア朝**第三代の**アショカ王**（在位紀元前二六八～二三二頃）はインドのほとんどを統一した。しかし、王はその際、インド東南部のカリンガ国との戦争で暴虐《ぼうりゃく》のかぎりを尽くした悲惨《ひさん》な殺戮《さつりく》を見て、仏教に帰依《きえ》し、慈悲《じひ》にもとづく平和な徳治主義政策を展開するのである。

ヒンズー教の聖地ベナレスからほど近い釈尊の初転法輪《しょてんぼうりん》の地、サルナートの博物館に獅子《しし》頭《がしら》が所蔵されている。アショカ王の建てた石柱碑文《ひぶん》の柱頭も残されている。釈尊出生の地ルンビニーや各地から出土した石柱碑文には、磨崖法勅《まがいほうちょく》（石や崖《がけ》に彫られた教え）とともにアショカ王の仏教崇拝者としての理想国家建立の意が記されている。

また、王はサンチーの大塔をはじめとして八万四千の塔（ストゥーパ）や寺院を建立し、長老僧千名を集めて仏教の経典を編集する第三回結集《けつじゅう》を行うなど、その仏教活動は広範にわたった。地域的にはシリアやエジプト、マケドニアなどのヘレニズム諸国や、辺境のセイロン（現、スリランカ）にまで交流関係を持った。このアショカ王の時代は、アレクサンドロスのインド侵入（紀元前三二六年）から数えて五十余年後のことである。

このような仏教文化が、ガンダーラ地方にも、アレクサンドロス大王の遠征時に植えつけられたヘレニズム文化の土壌の上に、堆積《たいせき》され始めた。すなわち、**ヘレニズム文化とインド文化の融合《ゆうごう》**である。

複雑多岐にわたる内容を含みながら時代は、総合的発展をめざして推移してゆく。

アショカ王より三百年近く後の紀元一世紀、ガンダーラ地方に外来の異民族による王朝が成立した。それが**クシャーナ朝**である。

紀元前二世紀ごろ、中国甘粛省敦煌《かんしゅくしょうとんこう》地方にイラン・トルコ系の遊牧民族である**月氏《げっし》**が住んでいた。やがて月氏は北方の匈奴《きょうど》によってイリ地方に追われ、さらにそこを根拠としていた烏孫《うそん》にも追われて、アラル海にそそぐアム河南岸に移動した。そこで大夏《たいか》を破り、**大月氏国家**

をうち建てる。この大月氏に属する諸侯のひとつ、イラン系のクシャン族が独立して作り上げたのがクシャーナ朝である。そして、このクシャーナ朝の最盛期を現出させたのが、第三代国王**カニシカ王**(在位紀元一四四~一七〇頃)であった。

支配領域は、東は西域《せいいき》の現在の新彊《しんきょう》ウイグル自治区や于闐《うてん》、西北はアフガニスタンやイラン北方まで、東南はガンジス河流域に至る北インド一帯で、都をプルシャプラ(ペシャワール)に置いた。アショカ大王以来の**インドの統一大国家**である。

東から中国の文化も入りこみ始め、西からはアレクサンドロス以来の道が隊商路として幹線化し、「文明の十字路」という名にふさわしく、経済や文化の交流はさらに旺盛《おうせい》になった。

マガダ国における仏教の発祥《はっしょう》から、アショカ大王の時代を経過しながら、南方からの仏教は、クシャン族の人々の間に信仰を勝ち得、人々の心の中に定着していった。

言うまでもなく**仏教は、釈尊の大悟から始まった**ものである。釈尊は人間的な苦しみから逃れるために、長い苦行のあと、**禅定**《ぜんじょう》(**坐禅**)に入った。そこで**自己というものを忘れ去って、自己と大宇宙の根源とがひとつになった**。**真理と一体になった**のである。

その時の第一声が、「奇なるかな奇なるかな、一切衆生悉《ことごと》く皆《み》如来《にょらい》の智慧徳相《ちえとくそう》を具有《ぐゆう》す」であった。目の前の総《すべ》てが、絶対的な存在として顕《あら》われたのである。このことによって二元的、相対的概念から解放され、大安心を得たのである。

人間としての苦しみ——生老病死から逃れたいならば、自分が体験、発見した真理に沿って、「犀《さい》の如くひとり歩め」と釈尊は悩める衆生に向かって説いた。

なにか特定の神や仏、あるいはそれらを形あるものとして作られた像を崇拝せよ、などとは一切言ってはいない。それゆえに釈尊の最初の弟子たちは、釈尊の成道《じょうどう》から涅槃《ねはん》に至るまでの、戒律《かいりつ》的な生き方を範としながら、釈尊の到達した絶対真理にあずかろうとした。

このような修行方法をとる教団を**上座部《じょうざぶ》**といった。これは出家比丘《びく》たちのものであったが、この上座部に対抗するように**大衆部《だいしゅぶ》**と呼ばれる人たちは、一般在家《ざいけ》の人たちを釈尊に対する信仰に巻き込みながら、**大乗仏教**を完成させてゆくのである。

釈尊といえども、覚者《かくしゃ》となるまでは上求菩提《じょうぐぼだい》、修行専一《しゅぎょうせんいつ》であった。つまり、自己とは一体なにものであるのかと追求し、その本質があらゆるものに先立つ宇宙の本源であると悟った。

この立場から見るならば、**すべてが絶対平等**である。このことを覚知した上で、今度は下化《げけ》衆生《しゅじょう》である。あらゆるものに対する一点の曇りもない大慈悲心による救済である。

釈尊のこのような姿は、人間として仮の姿を現してはいるが、本来は真理を具現している超越者、絶対的存在者である、と見られた。

自利利他行の釈尊にならおうと、理想の実現にむかう人たちの間に、出家、在家とを問わず、「菩薩《ぼさつ》」という言葉が用いられるようになってきた。こうして自分も他の人も共に、大きなすぐれた船に乗って彼岸《ひがん》に渡ろうというのが、大乗仏教である。

このような精神を背景として、在家信者の中には、出家として自力で釈尊の説く境地に達しようというのではなく、**自らを救ってくれるものとしての釈尊を信仰の対象とする**ようになる。やがて、**釈尊への熱い想いは、形あるものへと高まってゆく**。しかし先述したように、初期仏教徒には偶像崇拝《ぐうぞうすうはい》はない。

釈尊に対する畏怖《いふ》の念も、当時の仏教徒をして具体的な形あるものにはさせなかった。そこで考えられたのが、**象徴としての釈尊**である。

釈尊の生いたちから入滅までを、いろいろな物語にした、いわゆる仏伝を浮き彫りにすることなどによって、釈尊の偉大さを偲《しの》んだが、釈尊自身を直接表現することはしなかった。左の写真にあるように聖樹や法輪、聖壇、仏塔、それに仏足跡などによって象徴させたのである。

それが**釈尊像**として、具体的な姿となって登場してくるのは、ようやく**紀元一世紀**に興隆した、**クシャーナ朝のガンダーラ地方**においてであった。

我々が今日、目にすることのできるあらゆる仏像は、ここを出発点とするのである。のちの

アーチ型浮き彫り　北インド・マトゥラー、サカ時代・1世紀前半頃
（「アジアの心、仏教美術」展より）　©2005ボストン美術館

仏坐像　北インド・マトゥラー、クシャーナ時代・１世紀末〜２世紀初め
（「アジアの心、仏教美術」展より）　©2005ボストン美術館

中央アジア、西域、中国の仏像への影響はこのガンダーラ仏による。

なお、期を同じくして、一三〇ページにあるようなインドのマトゥラー地方にも仏像が出現している。こちらはヘレニズム文化の影響を受けることなく、インド土着の特有の造形感覚によって制作され、東南アジアの仏像に影響を及ぼした。

◆ガンダーラ仏―ヴィーナスの末裔《まつえい》

先年、京都文化博物館で行われた、平山郁夫《ひらやまいくお》コレクション「ガンダーラとシルクロードの美術」展で、久しく接する機会のなかったガンダーラ仏を見ることができた。

ギリシャ文化、特に彫刻に憧れていた私は、出家後は当然のことながら仏像にも関心を寄せるようになった。ギリシャの美のイデーとも言うべきものが投影されているガンダーラ仏も、その例にもれるものではなかった。

平山氏のコレクションを見ているうちに、ガンダーラ仏の奥深くに、これまで述べてきた、目もくらむような長い長い隊商路の距離と、多くの民族や王朝が興亡《こうぼう》を繰り返してきた厖大《ぼうだい》な時間と、その時代の精神の記憶とが刻み込まれていることを切実に感じたのである。

そしてまた、私の幼少の頃からの美のイデーへの憧憬《どうけい》は、ギリシャのヴィーナスへの信仰にも似たものとなり、ついにはそれは奈良県桜井市にある聖林寺《しょうりんじ》の十一面観音像（⇩133ページ）のような仏像へと昇華《しょうか》してゆくのである。ヴィーナスの末裔《まつえい》にして混血児たるガンダーラ仏の中にもその一片を見ることができ、安息を得ている自身を発見するのであった。

平山コレクションの「若者頭部」（ガンダーラ、二〜三世紀 ⇩134ページ）を見るものは、中央アジアのこのような場所に、このような容貌《ようぼう》の彫刻が出現したことに、ただただ驚かされるばかりであろう。

その整った面立《おもだ》ちが印象的である。理知的な彫りの深い明眸《めいぼう》と眉《まゆ》から鼻筋にかけてのスッキリとした線、ヴィーナスを彷彿《ほうふつ》させる髪のウェーブのかかり具合、また髪を頭の一番上で結んだ型は、当時のギリシャの若者のやっていたクロービュスというスタイルからきている。

その他にもいろいろな階層や民族の頭部像があるが、皆あきらかにギリシャ彫刻のリアリズムの作風が看取される。むろん、仏頭においても例外ではない。

仏陀立像（ガンダーラ、二〜三世紀 ⇩136ページ）に見られるような、仏陀のまとっている緩《ゆる》やかでたっぷりとしたキトンの着衣法（通肩）や、流れるような厚い衣の皺《しわ》や襞《ひだ》の折りたたみの表現もまた、遠くヘレニスティックな地中海世界からのものである。

時代が下がって三〜四世紀ころの仏陀立像は、右手を懐《ふところ》に入れ、手首だけを襟元《えりもと》から出して

聖林寺の十一面観音像

若者頭部（「平山郁夫コレクション、
ガンダーラとシルクロードの美術」展より）

いるが、ギリシャの哲人ソポクレス像や、ローマ時代の彫刻を模倣したかのようでさえある。
立像の右手を開いて胸の横に挙げている姿は、私たちが日常目にする観音像と同じである。
仏教では布施《ふせ》に、**財施《ざいせ》・法施《ほうせ》・無畏施《むいせ》**の三つがあるとされる。そのうちのひとつ、**人々の恐怖や畏怖《いふ》を取り去り、なにものに対しても畏《おそ》れることなく、立ち向かってゆける力を与えてくれる観音菩薩の慈悲心が無畏施**である。その象徴が**施無畏印《せむいいん》**といってこのポーズであるが、深源はここにある。これはギリシャではなくて、中央アジアからの影響である。

片方の足を軽く曲げる、いわゆる「**遊脚《ゆうきゃく》**」はギリシャに由来する。

わが国の観音菩薩像で、右足を一歩、踏み出している姿は、観音菩薩が苦しみ悩む衆生を救おうとして、娑婆《しゃば》世界に向かっている姿であるとされるが、遊脚の表現法からとったものだろう。

さて、このようなヘレニズム文化とインド文化、写実と精神の融合である仏像が、クシャン族によって興《おこ》されたクシャーナ朝で初めて成立した要因について、前掲の平山郁夫コレクション「ガンダーラとシルクロードの美術」展の図録（二〇〇二年）の解説、第三章「ガンダーラ仏教美術」で田辺勝美氏が、以下のような明解な説明をされている。

「インドの風俗習慣には無縁な支配者のクシャン族は、（略）偶像《ぐうぞう》崇拝者であった。インド人仏教徒は教団の偶像禁止の定めに従って釈迦牟尼《しゃかむに》の擬人像を作ろうとはしなかったが、

仏陀立像（「平山郁夫コレクション、ガンダーラとシルクロードの美術」展より）

支配者のクシャン族仏教徒はギリシア人やローマ人と同じく釈迦牟尼の肖像(礼拝像・偶像)をインド人王侯や仏教僧侶をモデルとして制作した。クシャン族には元来、祖先や英雄の霊魂《れいこん》を神格化して祀る習慣があったが、グレコ・バクトリア王国のギリシア人たちの偶像崇拝に接して偶像崇拝者となっていたので、クシャン族仏教徒にとっては、人間の姿をした仏像を作るのはむしろ当然のことであった。つまり、クシャン族仏教徒は仏教史上、いわば「コロンブスの卵」に類する発想の転換を仏教界にもたらしたのである。かくして、インドの仏教はクシャン族仏教徒という、いわば触媒《しょくばい》に似た存在を得て初めてギリシア系の「神の擬人像」美術と結びつき仏像を誕生せしめたのである。」(『図録』46ページ)

このようにして、クシャーナ朝第三世カニシカ王の時代に、ガンダーラ仏は対立文化の総合の上に豊かな大輪の花を咲かせた。その後、三世紀後半に至って、クシャーナ朝は、ペルシャのササン朝に取って代わられるのである。

ガンダーラ仏の東方への伝来

これまでガンダーラ仏の東方への影響についてまだ触れていないが、ガンダーラ仏あってこその中国・朝鮮半島・日本の仏像及び仏教の存在があるとすれば、その偉大なる力ははかり知れないものがあった、ということになる。

人々にとって、具体的な姿をとった仏像は、信仰の上で大きな助けとなった。実際、**中国においても日本においても、仏教教理よりも仏像が先に伝来した。**

ガンダーラ仏が誕生するかしないかというころ、すなわちクシャーナ朝の草創《そうそう》期、中国では**後漢**《ごかん》もまだ始まったばかりの時代であった。二代皇帝**明帝**《めいてい》は夢で、西方に仏教という尊い宗教のあることを知って、使者を大月氏《だいげっし》国に派遣した。使者は経本や仏像を持ち帰り、僧侶まで伴って来ていた。明帝は洛陽《らくよう》に白馬寺を建て（紀元六八年）、そこで彼らにお経の翻訳《ほんやく》などをさせたりして、仏教を全国に奨励し普及させたが、その仏像とは、果たしてどのような姿のものであったのであろう。

明帝はその一方で、将軍の**班超**《はんちょう》に西域《せいいき》の征服を命じていた（紀元八〇年）。班超はその命によく報《むく》い、西域の天山南路の五十余国を従わせ、クシャーナ朝との抗争《こうそう》にも勝ち、パミール高原の東西にまで勢力範囲を広げた。西域にとどまり平和を維持すること三十年、歴代の皇帝の信任厚く、その功績によって西域都護《せいいきとご》定遠侯《じょうおんこう》に封ぜられた。

班超が本国にもたらしたものは、かつての張騫《ちょうけん》（前漢）がそうであったように、胡麻《ごま》や胡瓜《きゅうり》や胡桃《くるみ》のようなものもあっただろうが、それから二百年以上たっている。班超が目にするもの、口にするもの、耳に聞くものは、もっと西方のヘレニズムのにおいに満ちた異国趣味あふれるものであった。

班超はそのような自国の文物と全く異質で豊かな文化を育《はぐく》む国とはどのような所であるのか、金銀や貝や珊瑚《さんご》などで作られる宝物と自国の絹などとの貿易をするために、そのような国と国交を結べたならば、どんなにか国の経済繁栄と文化の発展とに資することができるであろうか、と思った。班超は、部下の**甘英《かんえい》を大秦《たいしん》すなわちローマに派遣**するのである。

『資治通鑑《しじつがん》』（北宋時代に司馬光《しばこう》が一〇六五年から一〇八四年にかけて選述・完成したもの）巻四十八、永元九年（紀元九七年）の条に、次のようにある。

十二月丙寅《ひのえとら》。西域都護定遠侯班超、掾《じょう》甘英を遣《つか》はして大秦《ローマ》、条支《シリア》に使し、西海を窮《きわ》めしむ。皆、前世の至らざる所にして、その風土を備へ、其の珍怪を伝へざるなし。安息《パルティア》の西海に及びて大海に臨《のぞ》み度《わた》らんと欲す。船人、英に謂《い》って曰《い》はく、「海水広大にして往来する者、善風に逢ふときは三月にして乃《すなわ》ち度るを得。若し遅風に逢ふときは亦《また》二歳なるものもあり。故に海に入る人皆三歳の糧《かて》を齎《もたら》す。海中は善《よ》く人をして土を思ふて、恋慕せしめ、数々、死亡する者有り」と。英乃ち止む。

甘英《かんえい》は中国人で一番最初に地中海を見た使節とされるが、ついにローマには行けなかった。甘英がどのようにして西海に至り、果たして国に帰れたのかどうかさえも判らない。

ガンダーラ仏の全盛は、甘英の時代よりもっと後のカニシカ王の時代であったが、それはカシミールを越えて西域に伝わった。そこで暫《しばら》くの期間とどまり、西域独自の解釈がつけ加えられるのである。

西域から中国に伝わり、朝鮮半島に伝わって日本にも伝来し、それぞれの国の精神、気候風土の違いにより、仏像は大きく表情を変えた。東海のはずれの孤島日本では、**飛鳥《あすか》時代**、ギリシャの**パルテノン神殿**の**エンタシス**の影をやどす柱をもつ**法隆寺**に、**百済《くだら》観音**のような肉体性をそぎ落としながら造形性は失わず、澄みきった精神性の勝るものの創出を見ることができる。

さらに天平《てんぴょう》時代に入ると、私の寺から峠ひとつ越えて談山《たんざん》神社（桜井市）に行く途中に聖《しょう》林寺《りんじ》の十一面観音像（⇩133ページ）があるが、ギリシャの写実における彫刻の持つべき本質的特性から見ても、その内容となる仏像としての超越的な内面性からも、ガンダーラ仏はむろん、ギリシャ彫刻にも匹敵するものを完成させている。

しかし、どうやったところで、ガンダーラ仏からの呪縛《じゅばく》は解けない。

ということは、逆に見るならば、我々は仏像の背後にガンダーラ仏を、さらに遡《さかのぼ》ったミロのヴィーナスやサモトラケのニケのようなギリシャの美神やその他の神々も見てもよいのである。そして先の武将甘英がもしあの時ローマに至り、その時代の最高の美術品であるギリシャ彫刻を、直接、中国に招来していたならば、ガンダーラ仏の時代を通らない中国の彫刻、特に仏像にどのような影響を与えていたであろうかと思うのである。いま私たちが見ることのできる敦煌《とんこう》や雲崗《うんこう》や龍門《りゅうもん》などの北魏《ほくぎ》系《けい》の仏像とは、よほど違ったものになっていたに相違ない。

そのような異種のものとなった仏像、あるいはギリシャ彫刻そのままに模倣《もほう》されたものが、わが国に伝わってきていたとするならば、日本の仏像彫刻も大いに様相を異にしていたであろう。思いはつきない。

現在、仏教は日本人の手から離れつつある。むずかしい教理《きょうり》をかざしても、人々の尊崇を得ることができなくなった。

一度、素晴らしい仏像に出会ってほしい。

静寂のおとずれの中で、虚心坦懐《きょしんたんかい》になって仏像に対するならば、神々《こうごう》しいと感じ、美しいと感ずるところの存在の奥に横たわるものが、なんであるかを直感できよう。そのことによって、仏教（宗教）というものの領域に、一歩踏み出すことができる良い契機となるはずである。

釈尊の教えよりも、まず先に仏像が渡来し、そして信じ仰ぎ見られていったように。

二　パルテノンと唐招提寺《とうしょうだいじ》

◆理想世界の顕現《けんげん》——パルテノン

久しぶりにギリシャ悲劇を観る機会を得た。蜷川幸雄《にながわゆきお》演出「グリークス」である。トロイア戦争をめぐって、たった一人の個人の運命が一国を滅ぼし、一国の運命がまた個人を滅ぼす。愛欲と殺戮《さつりく》……六道《りくどう》を輪廻《りんね》する人間の業《ごう》を断ち切ってくれるはずの神々さえも、救いの手を伸べてくれないようである。この重くて苦しい悲劇は、いったい我々になにを語りかけようとしているのか。それは人間の悪を徹底的にあばき出すことによって、人間の持つもう一つの面、すなわち智による真善美の理想世界へと目を向かわせるもののようである。

その目指すものの一つとして、古代ギリシャ人は悲劇とは別に、人々にわかりやすく、そして直《じか》に眼に訴えることのできる美しい神殿を作ることによって、それを人間がまさしく生きてゆくための道徳的指針の隠喩《いんゆ》としたように思える。

イタリアからギリシャに向かう飛行機の窓をのぞくと、空と海の色が一つであった。美しい紺青である。そこでは、はるか下のエーゲ海を航行する白い船さえも、飛んでいるようである。**パルテノン神殿**はそんな空を背に従わせ、**アクロポリスの丘**に燦然《さんぜん》と輝く太陽に、高貴ともいうべき白皙《はくせき》の大理石を惜しげもなくさらしている。圧倒的な偉容を誇るパルテノン神殿にまず目を引かされるのは、東西南北四十六本からなる大理石の柱の連なりであろう。幾筋もの条《じょう》溝《こう》が彫られた、基部の直径が二メートル近い円柱は、中ほどに少しふくらみをもたせた**エンタシス**で、上にゆくに従い細くなる。場所を変え、見る角度を変えるたびに、溝に当たる光線の具合であろうか、柱は淡いピンクや透明なブルーに染まるのであった。

その建物の柱頭部には**ドーリス式**の丸みをおびた、日本建築でいう枡《ます》にあたるものが乗っていて、屋根を支えている。破風《はふ》やフリーズにほどこされた馬に騎った戦士の浮き彫りなどは、人馬ともに筋肉の隆起までが見てとれて、その迫力に満ちたさまは、どの一部をとっても芸術品としての価値を失わない。これらの一つ一つの造作が、全体の姿の中で黄金律《おうごんりつ》のような諧調《かいちょう》を保たされているのである。ちょうど人間の体が眼・耳・鼻・舌・身・意の六器官とから成りたっていて、そのどの部分をとってみても完全であると同時に、それらがお互いに完全な均衡《きんこう》を保って、一個の肉体を構成しているように。

古代ギリシャの建築家**エウパリノス**は、建築的美観を生み出すために、神殿を設計するにあ

パルテノン神殿

たって、自分の愛する少女の姿を移した、といった。

アテネへの三回目の旅の時、私はアクロポリスの丘へは登らなかった。丘の東南に当たる市中のホテル、アテネ・ゲイテに宿をとって、パルテノン神殿を朝夕、窓から眺めるだけであった。暁暗《ぎょうあん》から薄明《はくめい》にかけて、薄く淡いやわらかな光がともされてくるころ、あるいは暮れなずむ空の中にたたずむ姿は、深《しん》として神韻《しんいん》が漂《ただよ》い、過不足のところはなにひとつない。

遠くから眺めた時も、また目の前にして個々の部分を見た時も、私にはなんの不満もなく、愉悦《ゆえつ》に満ちた至福の時であった。部分は全体にとって、全体は各部分の秩序ある法則によって統一されたこのパルテノン神殿は、まさに理想世界の顕現《けんげん》であるように思われるのである。

このことは古代ギリシャの人々をして、悲劇に終止符を打たせ、個と多との秩序だった豊かで平和な世界への希求と、実現のための大きな力となっていたに違いない。

◆唐招提寺《とうしょうだいじ》金堂の柱列

このような想いで眺めたパルテノンを、心の底にしまって日本に帰った私は、その足ですぐ奈良の**唐招提寺**に向かった。そこにはギリシャ彫刻のトルソー（頭部や四肢のない胴体だけの彫像）を思わせる「東洋のトルソー」といわれる如来《にょらい》形立像もあったが、それよりも、**金堂**の

唐招提寺金堂

パルテノン神殿のエンタシスの影を秘めた柱列《ちゅうれつ》を、見たかったのである。

紀元前四三八年創建のパルテノン神殿から、紀元後七六八年建立といわれる唐招提寺金堂へ——**シルクロード**の目もくらむような広大な空間と長い時間の堆積《たいせき》の中を通って、西方の文化が極東の片隅に到着し、それからまた千二百年余り後の今、ここに疲れた体を休め憩《いこ》うている。

丸瓦が流れ落ちる滝水のような屋根を、エンタシスの柱がゆったりと受けとめる。

わずかにふくらみのついた柱は、正面に八本が並び、端にゆくに従って間隔をせばめ、凝縮された意志を感じさせるが、表情はあくまで豊かである。柱頭には三手先《みてさき》の斗栱《ときょう》が乗り、横にのびる側面には通肘木《とおしひじき》が貫かれ、その中間に十字形模様をなして間斗束《けんとづか》がある。

これらが白壁の上に浮きあがり、金堂を形づくるもののすべてが、波の音のようなシンフォニーを奏《かな》でている。石と木の造形、西洋と東洋の違いはあれ、ここにも「美」は厳然としてある。そして、日本に仏教が伝来した初期の建立になる、唐招提寺金堂の姿に託されたそれも、パルテノン神殿に託されたそれも、**輪廻《りんね》に苦しみ疲れた人間を、春の花園のような美しい魂の世界へと導く**ためのものであった。

新しき人類のために、新しきアフロディテ(ギリシア神話の美・恋愛・豊穣の女神。エロスの母)は、その姿を現してくれるのであろうか。

三　村上華岳《むらかみかがく》の「夜摩天《やまてん》」

村上華岳（一八八八～一九三九）描くところの「夜摩天」像との出会いは、鮮烈《せんれつ》であった。それは模糊《もこ》とした虚空《こくう》から、不意に立ち現れて、たちまち私の全部を押し包んでしまったからである。妙《たえ》なる薫《かお》りがあたり一面に漂《ただよ》い、迦陵頻伽《かりょうびんが》（極楽浄土に住むという想像上の鳥）の声が聞こえてくる。薄い羽毛のような軽やかな衣紋が、そっと頬をなで過ぎ、夜摩天の視線が私の眼を射《い》ぬく時、もう平伏《へいふく》するしかなかった。

その時、夜摩天もなければ私もない。いや夜摩天が私であり、私が夜摩天である。

◆「煩悩即菩提《ぼんのうそくぼだい》」の体験

禅門に身を入れ専門道場に掛搭《かとう》して数年、日々の坐禅や行履《あんり》（日常一切の行為）に、脂《あぶら》の乗ってきたころであった。例年の如く、釈尊《しゃくそん》の大悟成道《たいごじょうどう》の日を期して行われる臘八大接心《ろうはつだいせっしん》（⇩74ページ）が、十二月一日未明から八日鶏鳴《けいめい》まであった。

釈尊は長い苦行の末、尼連禅河《にれんぜんが》のほとりで行き倒れたが、幸い近くに住む娘スジャータの差し出す乳粥《にゅうしゅく》を口にされ、元気を回復し、のちにこれまでの苦行を打ち捨てて、菩提樹《ぼだいじゅ》の下で禅定《ぜんじょう》に入られた。

釈尊は十二月八日の払暁《ふつぎょう》、一天に輝く暁《あ》けの明星《みょうじょう》を見て大悟徹底《たいごてってい》されたが、これに因《ちな》んで、この時期一週間、禅門の徒《と》は体を横にすることなく、坐禅一筋に打ち込むのである。

そのような臘八大接心の四日目ほどのことであった。

このころになると、身も心も引き締まり、神気晴朗《しんきせいろう》となってくる。しかし、ここまでくるのに非常な難儀《なんぎ》を要するのである。

頭は朦朧《もうろう》とし、朝なのか夜なのか判然《はんぜん》としなくなる。時間というものの観念《かんねん》はなくなり、その一方で、我が心の奥底深くに蟠《わだかま》っている妄想は、一刻《いっこく》の猶予《ゆうよ》も置くことなく、沸々《ふつふつ》と湧き出てきて、止むことを知らない。

端坐《たんざ》して、三尺《さんしゃく》斜め前方に落とした半眼《はんがん》に映じる、禅堂の敷瓦《しきがわら》上の一本の線、一本の曲線が千変万化する。それは蟻《あり》や百足《むかで》や草花に見えたり、あるいは昔会った人の顔であったり、あるいは恐ろしい幽霊《ゆうれい》、さらにはとびきりの美人であったりしながら、半眼を通し、心中に飛び込んでくるのであった。

さまざまな妖怪《ようかい》である魑魅魍魎《ちみもりょう》の出現とは、このことであろう。

私はこの魑魅魍魎と、戦わねばならない。私の内なる金剛王宝剣《こんごうおうほうけん》ともいうべきものを、振りかざし振りかざし、切って切って切りまくるけれども、如何《いかん》せん力ついに及ばず……と思った瞬間、私の魂が坐禅する私の体から脱け出してゆくではないか。

そして十メートルほど遊離《ゆうり》した私の魂は、暫《しば》くそこに留《とど》まったままである。頭は重く、肉体は水に溺《おぼ》れた後のように気《け》だるい。その時、十メートル先方の私の魂が、坐禅する私に向かって言うのである。

「肉体が重い……肉体が……」

この時の私は、死んで生きていたのに違いない。

やがて、空が白々と明けてきて、眩《まぶ》しい朝の陽《ひ》が、深閑《しんかん》とした禅堂の庭の樹々に差し込んでくるのがわかった。幾筋もの光線が、湿った緑の苔《こけ》の上に当たり始める。と、ひとつの小さな雫《しずく》が、樹の葉末から、今まさに落ちんとする刹那《せつな》、その雫は血のように真赤《まっか》なルビー色に突然変わり、それにつれて、目に見えるありとあらゆるものが、まるでダイヤモンドのように燦爛《さんらん》と輝き始めた。

同時にそれらあまたの宝石は、それぞれがそれぞれの音を、奏《かな》で始めたではないか。

瑠璃《るり》は瑠璃の音を、瑪瑙《めのう》は瑪瑙の音を、琥珀《こはく》は琥珀の音を……。素晴しい音と光の重なりは、一大交響曲となって押し寄せてくる。それからの数日と言うものは、まさに**極楽の世界、極楽の日々**であった。

どんな微細《びさい》なものも逃がさない透徹《とうてつ》した眼と、どんな微小なものまでも聞き分ける耳と、どんな幽《かす》かな香りをも捉《とら》える鼻と……**六根六識**《ろっこんろくしき》（仏教で、感覚や意識を生じさせ、迷いを起こさせるもととなる眼《げん》・耳《に》・鼻《び》・舌《ぜっ》・身《しん》・意《い》の六つの器官とその六意識）が外界と一気に通じあった時と言えようか。

心も肉体もゆったりと落ち着き、広くのびのびとした駘蕩《たいとう》たる気分は、釈尊が、眠くなるような春の一日、極楽の広い庭の蓮池《はすいけ》の周りを、ゆっくりと逍遥《しょうよう》された時の心持ちも、このようなものではなかったか、と思わされるものであった。

ついこの間まで、己《おのれ》の生の思いどおりにならない不如意《ふにょい》さ加減や、修行の厳しさを思いやって、「人生これ苦なり」と嘆き、現世は地獄にも等しいのだ、と思い定めていたのに、いまでは、その地獄そのものが即《そく》、光明極楽《こうみょうごくらく》の世界、仏国土《ぶっこくど》であった。「蜜《みつ》は汝《なんじ》が辺《へん》にあり」で、煩悩即菩提《ぼんのうそくぼだい》、此岸即彼岸《しがんそくひがん》であったのである。

華岳の「夜摩天」に会ったのは、このような体験をしてから、しばらくしてのことであった。

◆華岳の描く夜摩天

夜摩天とは地獄の番兵とも言うべき、**閻魔大王**《えんまだいおう》**の別名**であって、あのおどろおどろした姿形を誰もが想い起こすだろうが、密教《みっきょう》では「焔摩天《えんまてん》」と書いて、**延寿**《えんじゅ》**、除災**《じょさい》**を司**《つかさど》**るものとして**祀《まつ》られる。図像は左手に人頭幢《じんとうとう》を持って水牛に乗るが、華岳はそれをかくも優しく、かくも甘美なまでの表情をもって描いたが、それは華岳のどこから生じてくるものなのであろうか。

夜摩天は牛に乗っている。

言うまでもなく、**牛は仏教の中で聖なるもの、特に禅門では本来の自己の面目**《めんもく》**、悟りの当体**として引き合いに出される。あるいはまた、本来の面目を行ずる人、としても譬《たと》えられる。「法華経譬喩品《ほけきょうひゆぼん》」に、羊鹿牛の三車《さんしゃ》のことが書かれている。一人の長者の家が火事になった。中には子どもたちが、たくさん遊んでいる。「火事だ！　あぶない！　逃げろ！」と呼んでも、子どもたちは遊びに熱中するあまり振り向く者もない。

方便を思いついた長者は、子どもたちの大好きな羊の引く車、鹿の引く車、牛の引く車の三車が外にあるからと言って、危く死ぬところであった子どもたちを、燃え盛る火の海から救ったのであった。

欲界・色界・無色界の三界《さんがい》の火宅から、迷える衆生を救おうとする譬えで、それぞれの車は、声聞乗《しょうもんじょう》、縁覚乗《えんがくじょう》、菩薩乗《ぼさつじょう》と言われる。特に、この牛の乗りものは、多くの人々を救ってゆこうとする利他行《りたぎょう》を、最大の目的とする。

華岳は火中の子どもが、乗りものを方便として、長者によって助け出されたように、彼自身の中に蟠《わだかま》っているあるものを牛に乗せ、紅蓮《ぐれん》の炎の地獄から救い出し、仏となったものとして描きたかったのではないか。その背後には、いつも華岳の母の面影がつきまとっている。幼年にして生き別れをせざるを得なかった、華岳の母への深くて強い憧憬《どうけい》は、ついには母の胎内《たいない》への復帰という願望となるであろう。

それは人間の一番豊かで、一番暖かな感情であり、熱い官能であるが、齢を重ねるにつれ華岳のそれは、宗教的感情にまで、昇華《しょうか》されたようである。

その結果が、崇高《すうこう》なる甘美《かんび》の想いと、祈りをもたらせてくれる夜摩天を含む、数々の仏画の傑作となって生まれてきたのであった。

それは母なる人への鎮魂歌《ちんこんか》である。

華岳は夜摩天を乗せる牛を、淡い墨色《ぼくしょく》ながら、画中一番の強いトーンで、画面下方中央に据《す》えて、微動だにさせない。

夜摩天像
（村上華岳画）

私はある落ち着きを持って、これに対することになる。おもむろに視線を転じ、牛の大慈大悲の心に満ちた眼をじっと見つめれば、それらの暖かな心が音楽となって、匂い立ってくるのである。

この牛が低音部の基調をなすと言えようか。

重厚な響きは、低く、太く、テンポをゆったりと落として地を這《は》い、果てしなく広がる。牛の背に、半跏坐《はんかざ》で乗った夜摩天の衣《ころも》の襞《ひだ》は、幾条もの優雅な線で引かれ、爽《さわ》やかな風に軽く宙に舞う。

これがこの交響曲の、主旋律《しゅせんりつ》をなしている。

首に懸けられた瓔珞《ようらく》から頭部にかけて、華岳の筆は濃密の度を加える。切れるように長く引かれた眉《まゆ》、目じりにかけてのスッキリとした線、内心を凝視する半眼、やわらかみを湛えながらも、緊張した顔の輪郭《りんかく》――譜面に細かく書き込まれた音符《おんぷ》――技巧が試される、むずかしい細部の音の連なりが、練達の奏者によって、微小な音とともに、一音、一音くっきりと奏《かな》でられてゆくようである。

音はこれ以上、澄みようもないほどに澄みわたり、音の集積は天空一杯に広がり、鎮魂歌《ちんこんか》となって、はるか彼方西方浄土《かなたさいほうじょうど》へといざなう。

◆華岳の精進

華岳は常に向上の人たらんことを望み、常に**最高至極《しごく》**になることを、願った人である。それは**解脱《げだつ》の境界《きょうがい》**であり、宇宙の根源を我がものにすることであり、悟りを意味する。その境地に達することは、なまやさしいことではない。世間的なあらゆる諸縁《しょえん》（もろもろの因縁）を放棄し、例えば、出家した僧に課される比丘《びく》二百五十戒《かい》などの戒律《かいりつ》を己《おのれ》に課して、そのことのためにのみ邁進《まいしん》したとしても、なおも長い年月との血みどろの戦いを強いられるだろう。

そうして、ようやく機の熟する時がもしもくるならば、たちまちにして、妄想煩悩《もうそうぼんのう》の悪魔の住む魔窟《まくつ》を打ち破り、華岳の言う「最高至極」の境地に入れるのである。迷いを去って真理を悟る、すなわち**大悟《たいご》**である。

華岳はそれを、己の芸術修業の到達点とした。

芸術修業は、いよいよ宗教的色彩が強められてゆくことになる。

禅定《ぜんじょう》あれば戒《かい》いよいよ全《まった》からむ
戒ある故に禅いよいよ深からむ
一挙一投足一言因果《いんが》の外《ほか》になし

されば因果を恐るべし
陰善《いんぜん》せよ、かくれてよきことをせよ
人を相手にするな
五条橋下、苦修三昧《くしゅうざんまい》二十年

右は、華岳の詩「禅戒一如《ぜんかいいちにょ》」であるが、「五条橋下、苦修三昧二十年」などから、華岳が大徳寺開山である**大燈国師《だいとうこくし》宗峰妙超《しゅうほうみょうちょう》**の影響を、大いに受けていたであろうことは、想像にあまりある。

若き日の大燈国師は諸国行脚《あんぎゃ》の後、鎌倉の大応《だいおう》国師のもとで、昼参暮請《ちゅうさんぼしょう》、寝る間も惜しんで刻苦精励《こっくせいれい》され、大悟されたのであったが、その時の心境を、

一回　雲関《うんかん》を透得《とうとく》し了《おわ》って
南北東西　活路通ず
夕処朝遊《せきしょちょうゆう》　賓主《ひんじゅ》没《な》し
脚頭脚底《きゃくとうきゃくてい》　清風起こる

雲関を透過して旧路《きゅうろ》無《な》し
青天白日《せいてんはくじつ》　是《こ》れ家山《かざん》
機輪通変《きりんつうへん》　人到《ひといた》り難《がた》し
金色《こんじき》の頭陀《ずだ》　手を拱《こまね》いて還《かえ》る

と頌《じゅ》された。

これに対し師の大応国師は、その末尾に、

你《なんじ》　既《すで》に明投暗合《めいとうあんごう》せり　吾れ你に如《し》かず
吾が宗《しゅう》　你に到って大いに立し去らん
只《た》だ是《こ》れ二十年長養《ちょうよう》して　人をして此《こ》の証明《しょうめい》を知らしめよ

と認めて弟子の悟りを証明（印可《いんか》証明）されたのであった。

ここに「二十年長養」とあるのが、いわゆる「**聖胎長養**《しょうたいちょうよう》」のことであって、大燈国師はその後二十年間、京都の五条大橋の下で、乞食や非人の群に身を投じて、修行を続けられたのである（⇩69ページ）。

先の華岳の詩「禅戒一如」のなかの「五条橋下云々」は、そのことを言うのであったが、かくして大燈国師の風貌《ふうぼう》、

天然ノ気宇《きう》王ノ如シ
人ノ近傍《きんぼう》スルナシ

とまで言われたのである。

資質にもよるが、多年にわたる精進は、人をしてかくまでにさせるのか。華岳はこの日本禅宗史上、類《たぐい》まれなる偉大な禅者、大燈国師の日常一切の行為である行履《あんり》に思いを馳《は》せることによって、己の鏡となし、手本として自己を鞭《むち》打ったに違いない。華岳は言う。

不惜身命《ふしゃくしんみょう》に精進《しょうじん》すること
この精進の一点の間隙《かんげき》もなく徹底すること
これ以外に解脱《げだつ》といふもの更《さら》になし

何とも言えぬ気魄《きはく》ではないか。

ある時、華岳は一つの高みに、到達していたようである。彼は頻《しき》りに、衆生の心身をわずらわし悩ませる、一切の妄念《もうねん》である煩悩《ぼんのう》が、相反する菩提《ぼだい》(悟り)と究極的には一つであるという**「煩悩即《そく》菩提」**を言うのだ。「煩悩即菩提」とは、仏教の最高理念とも言うべき**「色即是空《しきそくぜくう》」**、**「空即是色《くうそくぜしき》」**と同義と言ってよい。華岳がその「煩悩即菩提」を掴《つか》んだということは、**宇宙の根源を掴んだことになる。悟入《ごにゅう》**のことである。

華岳の絵は、その「煩悩即菩提」から生まれてくることになるだろう。華岳が悟入を得たということが夜摩天をして、華岳のなま身の人間としての、まだ見ぬ母への憧れと、悲しみを内包させつつ、宇宙の深奥に触れたもののみが、持ち得るであろう崇高さを、脈《みゃく》打たせているのである。

◆悟境から放たれた夜摩天

私が夜摩天から華岳の心をこのように推しはかり陶酔《とうすい》できたのは、むろん一《いっ》にかかって、私の中の「心」によってである。

同じ一本の線が、千変万化して見えたり、一本の線や色彩から、音を聞いたりしたと言うことは、わかってみれば宇宙の根源としての心（本来無いもの）が、形を異にして現れたに過ぎない。

本来《ほんらい》、ことごとくが自己の心、つまり己心《こしん》の光影であり、それらは本来一体である。**私どもの不幸は、森羅万象《しんらばんしょう》の全てを、自己の光影としてではなく、自己の向こう側にあるもの、自己と対立するものとして捉《とら》えるところにあるが、**私がこれほど夜摩天に没頭できたのは、それが私の心の光影なのであると、私自身が心の中で把握《はあく》していたからであろう。

華岳の精進によって得られた宇宙の根源から、すなわち悟境《ごきょう》から放射された夜摩天が、私の至真の琴線《きんせん》をかき鳴らす。ただちに、夜摩天が私となり、私が夜摩天となって、それはちょうど水が波であり、波が水であるように、互いに相即し、融合するのであった。

ここに人間の大きな喜びと、大安心がある。つまり、**宗教や「美」がもたらしてくれる幸福は、その大きな喜びと大安心を容易にしてくれること**である。

華岳は絵を描くことによって、大安心を得た。仏を描く時には、仏になりきり、「小さき我を大きな我に合一せしめ」た。仏の懐《ふところ》に抱かれたのである。

そうして、今まで述べてきたような華岳の宗教的姿勢、芸術的態度が、彼をして、制作することを、密教の秘儀《ひぎ》に喩《たと》えて、「密室《みっしつ》の祈《いの》り」と言わしめるのである。

しかし、禅家にとっての「密室」とは、全世界全宇宙が、そのまま「密室」でなければならないだろう。その上で、山川草木森羅万象の全てに対して「祈る」時、すなわち無心になって自己を晒《さら》す時、全宇宙は己の腹中深く入り込んで、「密室」は「密室」でなくなり、「密室」での作業は終わるのである。

華岳は、「その悦びさえ得られれば、画は描かなくてもいい」と言ったが、私たちもまた、「密室」での作業を了《お》えた暁《あかつき》には、華岳と同じ空々寂《くうくうじゃくじゃく》々の大安心の境界《きょうがい》に遊べるであろう。

翻《ひるがえ》って、現今の混沌《こんとん》たる世界情勢に眼を向ける時、このような境界に至るならば、ここが大事なのであるが、それは**他者に対して、おのずからなる慈《いつく》しみの心となって作用し、大いなる助けとなるはずである。**

四　「青いターバンの少女」の世界

◆フェルメールの絵

過日、オランダの画家**フェルメール**(一六三二～一六七五)が描いた「**青いターバンの少女**」を観た。大きな青いターバンを巻いた、白皙《はくせき》にほのかなピンクのまざった幼い顔に、大きく見開かれた瞳がこちらを見つめる。少し口もとのあいた、赤い豊かな唇が示しているように、そこには何のかまえもなく、そっと顔を斜めに向けただけの、無心で清純な心が漂う。抜け切った青空のように一点のくもりもなく、磨き抜かれた鏡の清冽《せいれつ》な美しさも見せている。

人間はこうも美しい眼を、持っていたのであろうか。**眼は心の鏡**、と言うけれども、その鏡を深淵《しんえん》をのぞき込む思いで見つめると、底知れぬ神秘的な湖沼のような静謐《せいひつ》さがたたえられていて、崇高《すうこう》な宗教の世界そのものがある。

同時に、黒く塗り潰された背景もまた、人間の見知らぬ世界を表現する。

少女の幼じみた顔や、青いターバンの上から肩まで垂れ下がった黄土色《おうどいろ》の布、同色系統の衣服の上に出ている純白な襟《えり》、それぞれの微妙な光りと影を生み出しているのは、実は黒の世界である。少女はこの幽玄《ゆうげん》の世界から立ち現れた。闇の中に小さく輝く耳飾りの真珠が、そのことを象徴し、強調している。少女は永遠の世界から誕生したヴィーナスだ。

二十世紀は欲望と享楽《きょうらく》の巷《ちまた》であった。「牡丹一日《ぼたんいちじつ》の紅《くれない》、満城《まんじょう》の公子《こうし》酔《よ》う」と中国・南宋《なんそう》時代の禅僧石田《せきでん》は歌ったが、みな牡丹と言う「浮雲の富貴」に、うつつを抜かし酔っていたのだ。

二十一世紀は、各々の心の鏡に付着した垢《あか》を拭《ぬぐ》い去らねばならない時代となろう。「青いターバンの少女」を、わが娘とするのだ。

そのためにはどうしても一度、あの黒い闇の世界をくぐり抜けなければならない。黒い闇とは、**己の迷いのもとである分別《ふんべつ》心を殺し尽くし、自己を全否定**したところである。そしてこの**自己とは、本来「無いものである、空《くう》である」**、と言うことをはっきり自覚した上で、再びあらゆるものを肯定した現実のこの世界に立ち戻るのである。

そこでは、自分が「少女」そのものになり切って、あの汚れなき瞳、くもりのない鏡のような心で、慈悲に満ち、調和のとれた麗《うるわ》しい新世界を作り出すことができるであろう。

そして、美しき善きものを見よ。「青いターバンの少女」のような美しい花で、この世を満たせ。

青いターバンの少女（フェルメール画、オランダ・マウリッツハイス美術館蔵）

五　驚異の漆器

◆漆《うるし》で彩られた縄《じょうもん》文土器の美

縄文時代と言うと、たいていの人たちは、髪は猿のように伸び、腰には獣皮をまきつけ、木の棒に斧《おの》や鏃《やじり》の型をした石をくくりつけて獣《けもの》を追い、魚を捕り、木の実を採集している類人猿に近い姿の人間をまず思い浮かべるのではないだろうか。歴史的には、約一万二千年前から二千四百年ほど前までの時代のことであるから、そう思われてしまうのであろう。

一万年にも及ぶこの縄文時代は縄文土器の変化によって、次の六期に分けて考えられている。

（一）草創期（紀元前一〇〇〇〇～紀元前八〇〇〇）
（二）早期（～紀元前四〇〇〇）
（三）前期（～紀元前三〇〇〇）
（四）中期（～紀元前二六〇〇）
（五）後期（～紀元前一〇〇〇）

（六）晩期（～紀元前三〇〇）

この時代の文化の成熟の度合いは、草創期と晩期とでは、大きな格差がある。なにしろ一万年もの期間である。先のような我々の頭にすぐ浮かんでくる情景は、旧石器時代に連なる草創期のそれであろう。しかし、約一万年後の晩期となれば様相も一変し、高度な文化を営んでいることが、発掘品によって知られるのである。

先年、青森県木造《きづくり》町亀ケ岡《かめがおか》遺跡、八戸《はちのへ》市是川《これかわ》遺跡、秋田市戸平川《とびらかわ》遺跡などの出土品の展示が『器が語る装いの美―漆に彩られた縄文の美―』として茨城県立歴史館であった。

そこで見られた壺形《つぼがた》土器や注口形《ちゅうこうがた》土器、皿形《さらがた》土器の姿形の美しさはむろんのこと、刻みこまれた蕨形《わらびがた》の渦文《うずもん》の入り組んだ曲線模様は、中国の最高の磁器文化を生んだ宋《そう》時代の茶碗や皿などに施された紋様を彷彿《ほうふつ》させる。

この土器の紋様の上に朱漆《しゅうるし》が塗られていて、ちょっと目では、それが土器であるとは、とても思われない。ものによっては、黒漆を塗った上に、朱漆を重ね塗りしているものもあって、まるで木製品のようである。

浮き出された曲線模様は、やはり中国の元《げん》時代ころから盛んになされた堆朱《ついしゅ》や堆黒《ついこく》、堆黄《ついおう》などの彫漆器の屈輪《くり》の感じとなんと類似していることか。それほどに、晩期縄文土器の完成度の高さに眼をみはらされるのである。

さらに注意を引かれたのは、同じく漆を使った藍胎漆器《らんたいしっき》である。縦二十センチ、横十センチ、高さ五センチほどの方形の箱型で、だいぶ欠損も目立つが、本来の姿は失っていない。

藍胎漆器とは、竹の皮をそぎ取り、壺形や箱形に編み組みした素地に、編み目を埋めるためのコクソを塗《ぬ》って平らにし、その上からサビ土や漆を塗ってゆくものである。

漆器を作るには、まず漆の特性、性能を充分に知っていなければならない。その上で採集から始まって、木地造り、下地《したぢ》、塗り、加飾《かしょく》など細かな工程を経るのであるが、それらのことがすでに今から三千年も前になされていた、と言うことに驚きをおぼえるのは私だけではあるまい。

もっとも漆器は、五千五百年前から四千年前、すなわち縄文時代前期中葉から中期末葉にかけての青森市郊外の三内丸山《さんないまるやま》遺跡から、赤漆塗りの木椀《もくわん》が出土している。それから、さらに一千年もさかのぼった六千五百年から六千年前の中国の上海《シャンハイ》の南、余姆江《よもこう》の河姆渡《かもと》遺跡からもやはり朱漆塗りの立派な木椀が出土しているが、東北地方の亀ケ岡遺跡などを中心とした多くの縄文土器出土品は、縄文時代の漆器文化の素晴しさを、我々に教えてくれる。

縄文時代晩期の藍胎漆器（秋田市戸平川遺跡、秋田県埋蔵文化財センター蔵）

◆縄文人の心と仏陀《ぶっだ》の真理の同一性

それらの出土品の優品は、すべての縄文人によって日常的に使われたものではなく、人々の間に目に見えぬ畏怖《いふ》すべきものに対して、捧《ささ》げものをする時の祭祀具《さいしぐ》としてのものではなかったか、と言うことである。土人形である土偶《どぐう》や死者に対する屈葬《くっそう》などいろいろな儀礼から、この時代の宗教的な営みの存在は証明される。

そこには原始の人々の、いまだ煩瑣《はんさ》な現代的意味での知識の加わる以前の、鋭い嗅覚による実体験からもたらされた**自己を慈《いつく》しむと同時に、他者への慈しみ、尊敬、感謝の念が含まれている。**縄文人にとって生活の場そのものである大自然――山川草木から鳥獣の類にいたる、生きとし生けるもの凡《すべ》ての中に宿る精霊や霊魂に対し、慎み深い恐れと感謝の気持ちを持ち合わせていたのである。

そうして、一微塵《みじん》の中にさえ精霊の存在を直感し、交信をはかろうとした。そのための道具は、最上最高のものでなければならなかった。そこに彼ら自身の世界が構築され、豊かな秩序が形成されてゆき、文化が育《はぐく》まれてゆく。

約二千五百年前の縄文時代晩期、現代の日本文化の礎《いしずえ》となるべき高度な文化が、東北地方に早くも存在していた。

時をだいたい同じくした二千五百年前、インドでは**仏陀**《ぶっだ》（ブッダ）が、真理を見い出した。仏陀は長い苦行の末、菩提樹下《ぼだいじゅか》で坐禅をすること一週間、十二月八日未明の暁《あ》けの明星《みょうじょう》を見て悟った。その時の第一声は、『奇《き》なる哉《かな》、奇なる哉、一切衆生《いっさいしゅじょう》皆悉《ことごと》く如来《にょらい》の智慧徳相《ちえとくそう》を具《ぐ》有《ゆう》す』であり、また「草木国土悉皆成仏《そうもくこくどしっかいじょうぶつ》』であった。**万物すべてが、それ自体で完結した絶対的存在であり、真実平等である。すべてが本来、仏のような尊い存在**である、という事実を発見したのである。ここから、他者への慈しみも生じた。

この事実が根源となって、仏教思想、仏教文化の花が開いていったが、これはとりもなおさず縄文人が直感していたことと同じではあるまいか。

混迷《こんめい》の現代、我々の奥深くに眠っている数千年前の縄文人の心を呼び起こし、**辞《じ》を低くして、本来対等であったはずの大自然との素朴《そぼく》な対話に、**耳を傾けねばならぬ時代に突入している。

六　欠落の楽しみ

◆芭蕉《ばしょう》の句と瀬戸《せと》の山茶碗

芭蕉は江戸深川《ふかがわ》の芭蕉庵《あん》にあって、口をついて出てきたものを、次のような句にした。

雪の朝《あした》　独《ひと》り干鮭《からさけ》を噛《か》み得たり　（東日記《あずま》）

小さな庵のうちは、冷え冷えとして暗い。薄い筵《むしろ》くらいは敷いてあるであろうか。正座をしている芭蕉は、身を凍《こお》らせながら塩の白く吹き出た鮭を口の中に運んでいる。剃刀《かみそり》で身の回りのものを削《そ》ぎ取ったような生活である。芭蕉には、どうして自分がこのような寂しい処《ところ》に居なければならないのか、という切ない自問と共に、もうひとつの想いには、自分一人ではない「暖かな団欒《だんらん》」の場もあったに違いない。芭蕉にとっての生活とは、一処不住の『旅』そのものであったが、現在の自分にはない「暖かな団欒」に象徴されるようなより崇高なものが、侘《わ》びた孤高《ここう》の生活に徹することによってはじめて生まれてくるはずであった。

芭蕉は物質的なものはもちろん、精神さえも無所有の旅、欠落の旅こそが自己補完の力となり、その補完の過程において、豊饒《ほうじょう》な物語が紡《つむ》ぎだされることを、鹿島《かしま》（茨城県）の仏頂《ぶっちょう》和尚に参禅したことによって、知っていた。

ここに、鎌倉時代の瀬戸《せと》の山茶碗がある。天目《てんもく》型の茶碗で、少し厚手の白い陶土に薄灰緑色の釉薬《ゆうやく》がかかっているが、無残にも胴《どう》から高台脇《こうだいわき》にかけて、すっぱりと切れ、その両端はめくれたようになっていた。窯《かま》の中で何かの拍子《ひょうし》に、ひっくり返って割れ、傷口を下にしたまま焼成《しょうせい》されたのだろう。窯の底にこびりついて、茶碗職人の眼にとまることもなく放置されていたものを、後世の人が拾いあげたのである。そして、その破れようが面白いために、「呼継《よびつぎ》」がほどこされた。窯底にこびりついていたのを剥《は》ぎ取る時に、口造《くちづく》りの一部が剥落《はくらく》し、そこに同色の他の器の破片が継ぎ足され、継ぎ目には金泥《きんでい》が埋められた。そのような作業をやって、ここにひとつの「実用」にも「美」にも耐える茶碗が甦《よみがえ》ったのである。

これがもし、傷のない茶碗として窯から出されたものであったならば、おそらく平凡な姿形であったに違いなく、この茶碗の運命は、どうなっていたであろう。この茶碗が当初から茶碗としての資質を欠落していたがゆえに、かえって自己補完のエネルギーを貯わえ、美しい形あるものとして、他の茶碗の破片をもって継がれ、本来、持っていなかった新しい物語を、そのうちに組み込まれたのである。**新しき創造**である。

◆自我のコントロール

我々自身の新しい創造も可能である。それには生活の「染《し》み」にまみれ、疲弊《ひへい》しきった現在の自己から、「本来の自己の面目」に目覚めることである。しかし、煩悩《ぼんのう》にとらわれて、真理に暗い無明《むみょう》の心が、人々の覚醒《かくせい》を妨害するであろう。眼や耳や鼻や舌や体は、それぞれに飛び込んでくる色と声、香りや味や触覚によって、果てしのない欲望を繰り返す。

フランスの哲学者**パスカル**（一六二三〜一六六二）が言うように、**「人間は考える葦《あし》」**でありながら、やっかいな代物《しろもの》でもある。生まれた時から、自己と他、苦しみと喜び、善悪美醜《びしゅう》といった相対的な世界に投げ込まれた結果、常にあい矛盾するところの一方に肩入れすることとなった。

この肩入れの基準となるものが、快楽に耽溺《たんでき》しようとする**自我《じが》**である。この**自我をコントロールするものが、「自己本来の面目」あるいは「絶対的自己」**と言われるものである。

これをなんとしてでも一度、しっかりと我が手のうちのものとし、「考える葦」の中にふつふつと湧《わ》き上がってくる相対的な情識、妄想煩悩《もうそうぼんのう》を切り捨てる殺人刀《せんにんとう》としなければならない。

この妄想煩悩を切り捨てるために、**道元禅師《どうげん》**（一二〇〇〜一二五三）は「仏をならふといふは、自己をならふ也。自己をならふといふは、自己をわするるなり」と言った。

「呼継」の瀬戸の山茶碗（鎌倉時代、個人蔵）

出家者が出家僧らしくなるには、二十年間凡俗《ぼんぞく》の世界にあった場合、それと同じ二十年をもっぱら修行に打ちこみ、他を顧みず専一《せんいつ》にやらなければ俗世間の垢《あか》は取れない、と言われる。二十年して初めて、出家者としての第一歩が始まるが、たいていは自己の中にたまった垢を欠落させてゆくこと、**「自己をわするる」**ことの痛みに耐えられないのである。

すでに述べたように、六祖慧能《えのう》と競った神秀《じんしゅう》は、「身は是れ菩提樹《ぼだいじゅ》　心は明鏡台《めいきょうだい》の如《ごと》し　時時《じじ》に勤《つと》めて払拭《ふっしょく》して　塵埃《じんあい》を惹《ひ》かしむること勿《なか》れ」と言った（⇩56ページ）。

思い切って、**自分が大きな鏡となったつもりで、付着した汚れを落とす**のである。

ひとたび鏡を磨き尽くせば、その前にどんなものが立ち現れて来ようとも、なんの分けへだてもなく、光明に満ちたものとして照らされ、また照らすであろう。

道元禅師は先の言葉に続けて「自己をわするるといふは、万法に証せらるるなり」と言った。

ここである。**本来の自己に目覚め、新しき自己の創造**がなされるところは……。

芭蕉の侘《わ》び住まい、欠落の生活、すなわち欠落への意志的努力は、ついには、ものごとの真実と美しさとを見通させた。路傍に人知れずひっそりと咲いていた花は、芭蕉によって「山路来て　なにやらゆかし　すみれ草」と詠《うた》われたが、マグマが爆発したような新鮮さを持って、「本来の自己」に目覚め、「万法に証せら」れた芭蕉の懐《ふところ》に飛び込んできたのであった。

五

わが庵

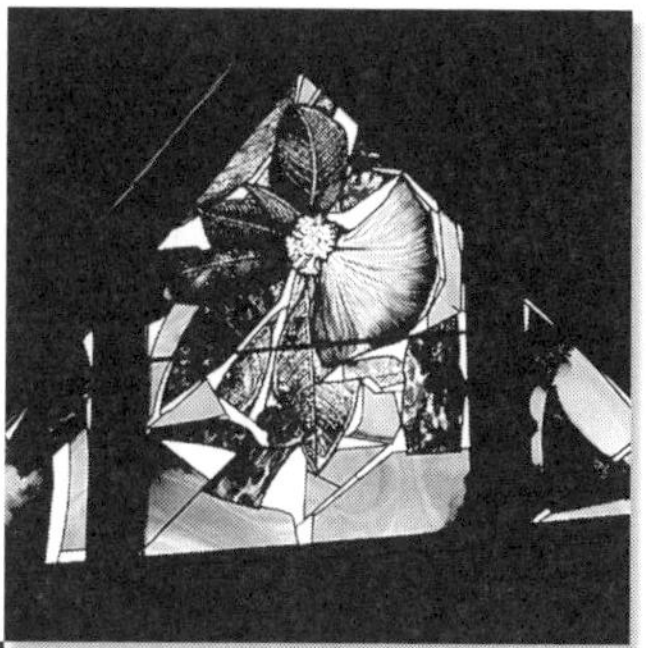

一　壺中《こちゅう》の天──桃源郷

◆松源院の復興

ある日──といっても、もう二十数年も前の話だが──私は本師の立花大亀老師《たちばなだいき》に、道場より一日暇をもらい、鎌《かま》と鉈《なた》を持参して、大亀老師の自坊である大徳寺如意庵《にょいあん》に帰るよう命を受けた。なんのこととも知らず帰ってみると、これから奈良の大宇陀《おおうだ》へ行くという。

大宇陀は、師が三十年にもわたって説法を続けられてきた地で、その縁によって廃屋《はいおく》を譲り受けることになったのである。

廃屋といっても、山岡家という文化十一年（一八一四）に建てられた大和の豪農住宅を代表する建物で、特に大和棟《やまとむね》の原型を残しているという点で、建築学上特筆に価する。奈良県の指定重要文化財である。庫裡《くり》に至る門は山岡家の長屋門で、本宅より新しいが天保九年（一八三八）につくられた。建物の主は、正保《しょうほ》四年（一六四七）生まれの山岡吉右衛門を初代とする、代々庄屋をつとめた家柄であった。

大亀老師には大徳寺に入寺以来、三つの発願《ほつがん》があった。

明治時代初期の廃仏毀釈《はいぶつきしゃく》により、大徳寺でも多くの塔頭《たっちゅう》が破壊の憂き目にあったが、そのうち**如意庵**《にょいあん》開祖の大徳寺第二祖の言外宗忠《ごんがいそうちゅう》、**大用庵**《だいゆうあん》開祖で同じく第三祖の華叟宗曇《かそうそうどん》と第四祖の養叟宗頤《ようそうそうい》、それに**松源院**《しょうげんいん》開祖の同じく第五祖の春浦宗熈《しゅんぽそうき》各禅師の木像があおりをくって、帰るべき寺もなく、塔頭の徳禅寺に合祀《ごうし》されていた。師の発願は、この四体のそれぞれの寺を復興し、そこにお戻しすることであった。

師は第一番に大徳寺境内に如意庵を、ついで大用庵を復興されたが、三番目の春浦宗熈禅師の松源院は大徳寺の境内地の都合がつかず、復興ができずにいたのである。

そうこうするうちに、大字陀の地に御縁を戴くことになり、今回の大字陀行は、まさに松源院復興の第一歩なのであった。

師及び法兄二人と共に、車で大徳寺を出発し、「大和国中《やまとくんなか》、宇陀山中《うださんちゅう》」の言葉どおりの、宇陀の鬱蒼《うっそう》たる杉林や雑木林を通り抜けて、目的地に着いたのは十時頃であった。

広くもない坂道に面して、大きな長屋門があり、門を通して主屋の方を見ると、陰気がまともに襲ってくるほどの雑草木の繁りが、前面につまっている。

ジャングルのように思える藪《やぶ》を、鎌と鉈のみのわずか四名の我々に、一体何ができるのであろうかと佇《たたず》むばかりであったが、そこはやはり禅僧というべきか、無言実行、最初の鍬《くわ》を打ち込むのだ、とばかりに各々が動き始めた。

ひと汗かいた頃、師と法兄は用があるからと、下の集落に降りて行った。

ひとり残された私は、廃墟の探検とばかりに、建物の中に入ってみることにしたのである。

薄暗い部屋の中は、たっぷりと水を吸った畳を、数本の竹が差し貫いて天井まで伸び、仏壇らしきところの障子戸が無慚《むざん》に倒れ、その形さえ判然としない。その底の方から金箔《きんぱく》らしきものが、にぶい光を発しているのを見ると、なんとも気《け》おされて、逃げるようにして外に出たのであった。

しかし、外も相変わらず陰鬱《いんうつ》さがあたりを占めていて、気味の悪さは一気に全身を覆い、やがて体中に鳥肌が立ってきたのである。

走り出そうとした時、ラフカディオ・ハーンの「耳なし芳一《ほういち》」を思い出した。

琵琶《びわ》の名手、盲目《もうもく》の芳一は、壇ノ浦《だんのうら》の合戦で敗れた平家の亡霊に、夜ごと連れ出される。事を知った阿弥陀寺（下関市）の和尚が、亡霊からの誘惑を断ち切るために、芳一の体中に般若《はんにゃ》心経《しんぎょう》を書きつける。しかし、両耳に書くのを忘れてしまったのである。芳一は両耳を亡霊に引きちぎられるが、一命だけはとりとめることができたという話である。

禅は**心をひとつ所に置く**ことである。芳一は精神の集中ができていなかった。隙《すき》があったのである。体中にお経を書きつけられたけれども、耳の部分だけ書かれなかった。芳一には、なおも何かに心ひかれるものがあり、心が散乱していた、そしてそこを突かれたのである。

坐禅をする時、**背骨を真っすぐに伸ばし、頭のテッペンで天を支えるような気概**《きがい》**で一点に集中する**ならば、病魔のつけ入る隙はない。しかし、少しでも背中が丸まり気がゆるむならば、そこを一気に悪魔に襲われる。私が薄気味悪いと感じた時、潜在意識の中に何ものかに対する怖れが生じていたのだ。それが「隙」である。精神を集中して、無心になって仕事を続けておれば良かったのである。私は芳一のように、体にお経を書きつけることはできなかったものの、雑草木を切り払い切り払いながら般若心経を一心不乱に誦し続けた。お経そのものに成りきって。いつしか体中の鳥肌はおさまり、何ごともなくなった。夕刻近く師や法兄も戻り、再び全員でひと仕事をしたあと、大徳寺に帰った。

その後、十年ほどたって、再びこの地を訪ねる機会があった。

その時にはすでに宗教法人「松源院」として、かつてのあの廃屋同然の建物は立派な庫裡《くり》となり、門から道ひとつ隔てたところに、屋根に鴟尾《しび》を置く天平《てんぴょう》様式の小ぢんまりとした本堂も、新しく建てられていた。

ここに松源院開祖である**大徳寺第五祖春《しゅん》浦《ぽ》宗《そう》熈《き》禅師**の木像は、ようやく所を得たのである。ジャングルのように雑草木の生い茂っていた所も、京都の庭師によって、禅寺の風格をもって、白川の砂を敷いただけの、無駄を省き一切を排除した「無」の空間ともいうべき庭に変わった。前方の庭と境界を接するところには、低い白壁塀が横に一直線に思いきり引かれて、見えるものは、遠く吉野連山と大きな空があるばかりである。

だれかが言ったように、天国に一番近い寺、と言ってよいかもしれない。

それからまた数年がたって、私は専門道場を辞して師の自坊如意庵で過ごすこと四年、平成五年、因縁ともいうのか、こともあろうに私自身がこの松源院に普山《しんざん》（住職になること）することになったのである。私はそのおり、これから一人の禅家としての生活が始まる決意をもって、次のような詩を詠んだ。

脚頭転入《キャクトウテンニュウ》ス宇陀ノ辺
観ヲ改ムレバ壺中《コチュウ》ノ秋月円《マド》カナリ
春浦ノ光風　イマダ嘗《カツ》テ滅セズ
瞎驢《カツロ》放下《ホウゲ》ス松源ノ禅

春浦宗凞禅師木像（松源院本堂）

庫裡から白壁塀ごしに吉野連山をのぞむ

十一年にわたって徹頭徹尾《てっとうてつび》、鉄槌《てっつい》を戴いた大徳寺僧堂の看雲室《かんうんしつ》中村祖順老大師、老大師亡きあと続いてお世話になった愛知県犬山《いぬやま》市の瑞泉寺《ずいせんじ》僧堂の景雲室《けいうんしつ》松田正道老大師の法恩に、万分の一でも報うべき場がこの松源院となった。

この松源院開祖である春浦宗熈《しゅんぽそうき》禅師は、大徳寺第五祖として、大燈《だいとう》国師を開山とする大徳寺一流の禅、すなわち紫野《むらさきの》仏法を今日にあらしめるに大きな力があった人である。

その禅風は時代を超え場所を越えて、我々自身の奥底深くを、絶え間なく流れているとともに、全世界全宇宙を覆《おお》っている。

そのことに思いを致すならば、今ここに直接春浦宗熈禅師に、朝に夕に肩を接しながら住む松源院こそ、壺中《こちゅう》の天―つまり、俗世間を離れた桃源郷《とうげんきょう》ではないか。

松源院の名の由来となった中国宋《そう》代の禅匠である松源崇岳《しょうげんすうがく》のあの厳しい禅など、もうどうでもよい。

せっかくの「宇陀山中」である。万葉の風に吹かれながら、よろしく無為《むい》の道人たりいたい。

そのような松源院での生活が果たして、祖師方に対する報恩となりうるのか、あるいは世の人々の迷いをさまさせる警醒《けいせい》の一滴となれるのか、どうであろう……。

二　松源院の再興

◆洛北から大宇陀へ

先述の通り、松源院は、現在奈良県大宇陀町《おおうだ》にあるが、もともと大宇陀の地にあったものではない。仮の宿である。本来は京都・洛北の大徳寺の山内、徳禅寺《とくぜんじ》の南西隅にあった。

室町時代、文明四年（一四七二）、**春浦宗熈**《しゅんぽそうき》によって創建されている。

その松源院が建てられているころ、ある人が一本の掛軸《かけじく》を持ってきて、春浦に見せた。

掛軸には大徳寺の純粋禅が継承してきた臨済宗《りんざいしゅう》松源派の正統者で、南宋《なんそう》時代の禅僧**松源崇岳**《しょうげんすうがく》の頂相《ちんそう》（肖像画）と、それに対する讃《さん》が書かれてあった。これは、松源崇岳の弟子であった運菴普巌《うんあんふがん》が師に頼んで書いてもらったものであった。これを見た春浦は、ただちに建立中の寺を「松源院」と名づけたのである。

その後松源院は、元禄《げんろく》十二年（一六九九）に大用庵《だいゆうあん》を併合し、幕末を迎えている。

しかし、明治元年（一八六八）になって神仏判然令が公布されると、寺院や僧に対する弾圧が加わり、還俗《げんぞく》を余儀なくされたり、寺院や仏像を破毀《はき》されたりという仏教排撃運動（廃仏毀釈《はいぶっきしゃく》）が広まった。松源院もその波をもろにかぶった。

この時をもって、松源院は大徳寺境内から姿を消した。その片鱗《へんりん》は、徳禅《とくぜん》寺に松源院開祖の春浦宗熈像と、「松源院」と書かれた扁額《へんがく》が残るのみとなった。

それから百十余年後、当時徳禅寺の住職であった立花大亀《たちばなだいき》老師が大徳寺境内に松源院を復興しようとした。だが、土地の問題で果たせずにいたところ、昭和五十四年、縁あって現在の大宇陀の地に春浦宗熈の像をお祀《まつ》りし、松源院の再興としたのである。

それでは松源院を創建した春浦宗熈とは、いかなる禅者であったのか。

◆春浦宗熈（正続大宗禅師《しょうぞくだいしゅうぜんじ》）の誕生

春浦は足利義満《よしみつ》没年の応永《おうえい》十五年（一四〇八）、播磨《はりま》国赤松《あかまつ》郡（兵庫県）に生まれている。

母は剣を呑《の》む夢を見て身籠ったというが、そのゆえか幼にして聡明、六歳で母と共に上洛し、臨済宗の建仁《けんにん》寺の乾心《けんしん》和尚に弟子入りをすることになる。

十八歳で得度《とくど》し、二十三歳で建仁寺で雑役をやりながら、大徳寺の養叟《ようそう》に参禅問法をしていた。二十四歳になって大徳寺に居を移し、「黄沙百戦金甲を穿《うが》つ　楼蘭《ろうらん》を破らずんば終《つい》に還《かえ》ら

松源院入口　天保９年（1838）の建築

松源院庫裡　文化11年（1814）の建築

ず」という気概をもって自ら鞭打策励《べんださくれい》、ほとんど寝食を忘れるばかりの坐禅弁道であった。

養叟は、春浦に**「雲門関字《うんもんかんじ》」の公案《こうあん》**を与えた（⇩66ページ）。

春浦は刻苦《こっく》精励、ついに桶《おけ》の底を抜くようにして、この「雲門関字」の公案を悟ることができた。養叟は深くこれに同意し、先師華叟宗曇《かそうそうどん》相伝の袈裟《けさ》を春浦に与え信証《しんしょう》とした。大徳寺第五祖春浦宗熈の誕生である。

松源派の流れを汲む大徳寺の純粋禅を、自家薬籠中《やくろうちゅう》のものとした春浦の腕力は、並々のものではない。私の目の前にこの春浦の頂相《ちんそう》がある。体軀堂々、顔は牛の如く、眼は虎に似て鋭い。自讃がある。

僧倫《そうりん》の奸賊《かんぞく》　仏祖の深寃《しんえん》
一棒行《いちぼうぎょう》ずれば則ち晴空に雨點《てん》じ
一喝《いっかつ》を下せば則ち旱天《かんてん》に雷奔《はし》る
燈籠《とうろう》跳《と》んで露柱《ろちゅう》に入り　仏殿《ぶつでん》走って山門を出《い》づ
若し恁麼《いんも》の事無くんば　恐るらくは我が児孫《じそん》を喪《うしな》はんことを

（平々凡々な僧たちが、常識だと思っているものを、全部ひっくり返し盗んでしまうような大禅傑、このような境涯の真の禅僧に対しては、釈迦《しゃか》も達磨《だるま》もお手上げである。それはちょうど、禅師が警策《けいさく》を一振りすれば真っ青な空から雨が降り、またカッーと一声発すると、太陽の照りつける夏の空に雷が走るような鋭い働きがあるからである。さらには石の灯籠が飛んできて寺の柱の中に入り、大きな仏殿が、前にある小さな山門をくぐり抜けて出るような自由自在の大きな働きがあるからでもある。弟子たちよ、もしこのような働きがいっこうに叶《かな》わぬようであるならば、仏祖伝来のこの法は失われてしまうであろう。）

このような矜持《きょうじ》（自負）で、春浦は禅の布教や大徳寺の経営に携わった。

長禄《ちょうろく》二年（一四五八）、師の養叟が遷化《せんげ》すると、春浦は師のあとを継いで、商業都市堺《さかい》（大阪府）との関係維持をはかった。

その後、京都東山に大蔭庵を創して住み、妙心寺《みょうしんじ》より出世の義天玄承《ぎてんげんしょう》の後を受けて、寛正《かんせい》二年（一四六一）、後土御門《ごつちみかど》天皇の勅《ちょく》により、大徳寺四十世となった。

寛正六年（一四六五）、二代将軍足利義詮《よしあきら》は亡夫人のため、東山に妙雲院《みょううんいん》を創建したが、その娘、通玄尼寺《つうげんにじ》の竺英尼《じくえいに》は義詮亡き後、その法号をとって将軍の許可を得て養徳院《ようとくいん》と改め、春

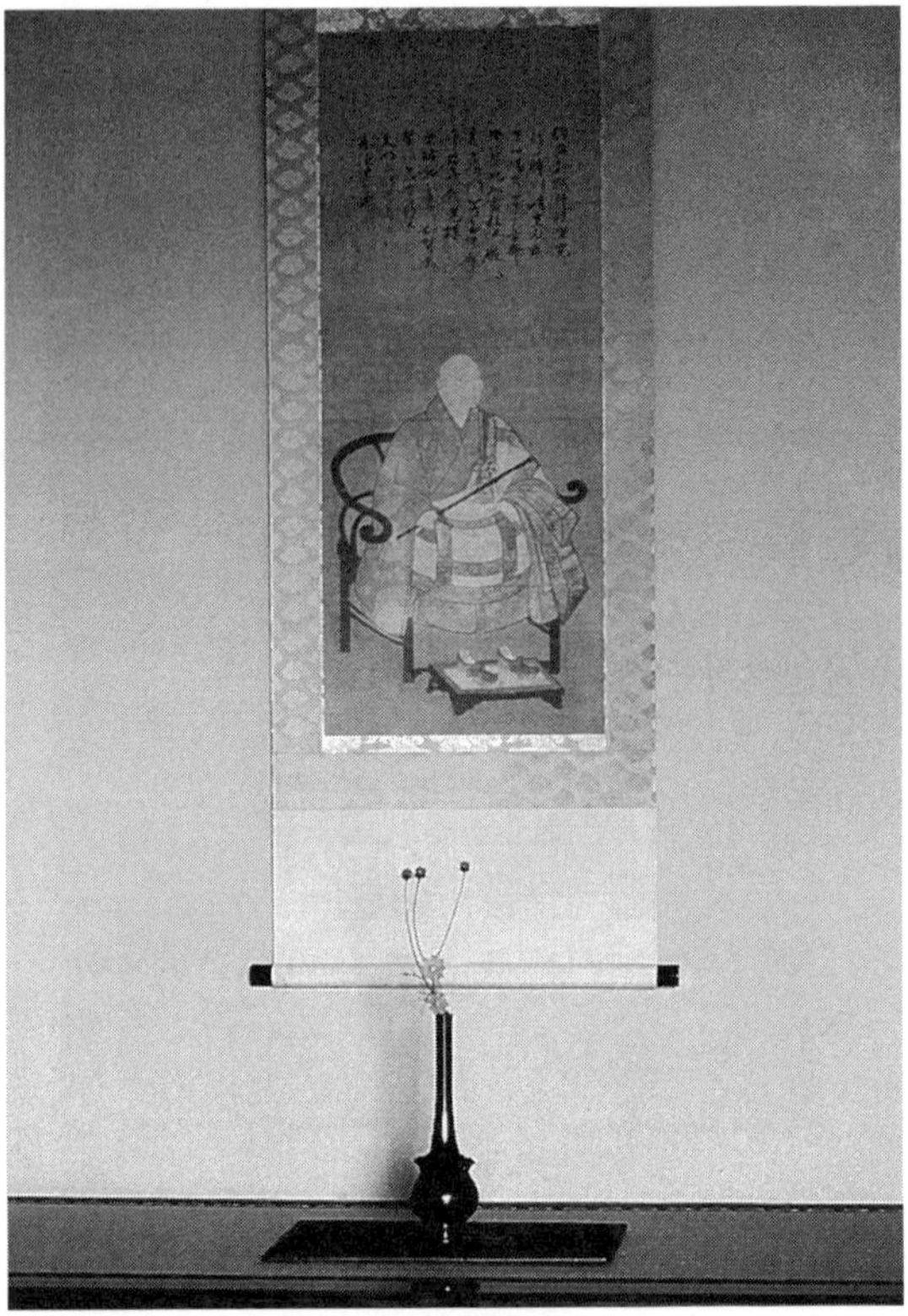

春浦宗凞禅師頂相（松源院蔵）

浦を請じ住持となした。

応仁《おうにん》元年（一四六七）、京畿周辺の諸大名は細川勝元《かつもと》（東軍）と山名宗全《そうぜん》（西軍）の二軍に分かれて争い、京都は争乱の巷《ちまた》と化し、大徳寺の伽藍《がらん》はことごとく兵火に罹《かか》った。**応仁の乱**である。春浦は摂津《せっつ》の城福寺《じょうふくじ》、堺《さかい》の陽《よう》春庵《しゅんあん》（ともに大阪府）に乱を避けること八年に及んだ。その間、文明三年（一四七一）、京都伏見《ふしみ》に清泉寺を建て（後、大徳寺山内に移る）、文明四年に徳禅寺の南西隅に松源院を始《はじ》めた。

文明五年（一四七三）六月十九日、後土御門天皇は大徳寺の復興を命じ、同年十月九日、春浦は勅命によって大徳寺を旧規に復した。春浦の一手の力によるのである。

延徳《えんとく》二年（一四九〇）、後土御門天皇は春浦の宗風を欣《よろこ》び、正続大宗《しょうぞくだいしゅう》禅師号を特賜《とくし》したのであった。

明応五年（一四九六）、春浦は

天に倚《よ》る長剣《ちょうけん》　急《すみや》かに刃《やいば》を磨し来る
祖仏倶《とも》に殺し　五逆雷を聴く

（生かすために殺し、殺しては生かす、という誰もが自分の中に持っている金剛王宝剣は、善悪邪正、真偽といった相対的なものにとらわれない澄みきった鏡のような剣である。その刃を生涯油断なく磨いてきた。今その剣で、仏祖を殺し、父母を殺し、和合僧を破りした報いで、雷に撃たれて死んでゆくが、何も無いところへ行くだけだ）

と詩（遺偈《ゆいげ》）を一編残して、冷笑一声して亡くなった。

◆松源崇岳《しょうげんすうがく》の教え

春浦が自坊を「松源院」と名づけたのは先に述べたが、その名は大徳寺の純粋禅が継承してきた臨済宗松源派の**松源崇岳**によっている。松源は中国宋《そう》時代（一一三二～一二〇二）の人で、松源の家風を「松源派」と称し、松源の禅は**「松源黒豆《こくず》の法」**と言われた。

松源は臨終にのぞんで、長い間修行を続けてきた人々に告げて言うに、「正路上を行く者は、只黒豆の法を用いあたはざれ」と。

黒豆とは文字の喩《たと》えである。仏教経典に書かれているあの漢字の羅列《られつ》は、まさに黒豆のように見える。その黒豆を一つ一つ数えるように、はたまた重箱の隅までつつくように、経本の文字言句を綿々密々に学問的に研究したとしても、「不立文字《ふりゅうもんじ》教外別伝《きょうげべつでん》」の禅家の立場からすれば、とても自己の真実、宇宙の根源を明らかにすることは不可能である。

松源黒豆の法とは、**文字にとらわれ、知解分別に傾こうとする知識禅を深く戒《いまし》める**ものである。松源は年老いて余命幾許《いくばく》もなくなった時、自分の法を伝授するに足る弟子ありやと、次の問題を大衆に示した。

一、大力量の人甚《なん》に因《よ》ってか脚を擡《もた》げて起《た》たざる
二、口を開くことは甚としてか舌頭上に在らず
三、明眼の人甚によってか脚跟《きゃっこん》下《か》紅絲線《こうしせん》不断《ふだん》なる
（一、ものすごい力持ちの人がどうして脚をあげることができないのか。）

（二、話をしているのにどうして舌の上にないのか。）
（三、悟っている人がどうして自分の脚もとの紅い糸を切ることができないのか。）

この三つの問題を「**松源三転語**」というが、さあ答えてみよ、と。

さて、大徳寺一流の禅は、臨済宗《りんざいしゅう》楊岐派《ようぎは》松源派《しょうげんは》に属する。

今日の日本の禅は「**応燈関**《おうとうかん》」、すなわち**大応国師**《だいおうこくし》—**大燈**《だいとう》**国師**—**関山慧玄**《かんざんえげん》の法脈を嗣《つ》ぐものであるが、最初の大応国師は中国に渡って、**虚堂智愚**《きどうちぐ》に参禅し、その法を嗣いだ。この虚堂の二代前に松源崇岳がいる。このことから**大応国師の禅は松源直系の禅**ということになる。

大応は帰国して大燈に法を伝え、大燈はさらにそれを、大徳寺第一祖**徹翁義亨**《てっとうぎこう》と**関山慧玄**（妙心寺開山）に引き継いだ。

松源から数えて六世の孫にあたる大徳寺第一祖徹翁が「自分の会下《えか》には教内に究理する者は多くいるが、教外に悟徹する者はただ一人もいない」と嘆いたのは、松源黒豆の法を思ってのことである。この徹翁の言葉に奮起し大悟徹底したのが、大徳寺第二祖となる**言外宗忠**《ごんがいそうちゅう》である。

ついでこの松源派の法燈は、つづく第三祖華叟《かそう》や第四祖養叟《ようそう》や第五祖春浦《しゅんぽ》が受け継ぎ、大徳寺の純粋禅として成長してゆくのである。春浦は松源崇岳の九世の孫である。

◆一休宗純《いっきゅうそうじゅん》の自負

このような「松源の禅」を尊崇したものが、もう一人いた。異端者一休である。一休の松源に対する思いも強烈であった。次の偈《げ》はそれを言ってあまりある。これによって、当時の春浦を取りまく大徳寺の禅も理解出来るので、注釈を加えておきたい。

華叟《かそう》の子孫　禅を知らず
狂雲《きょううん》面前　誰か禅を説かん
三十年来　肩上重し
一人荷擔《かたん》す　松源の禅

「華叟の子孫　禅を知らず」
華叟宗曇《かそうそうどん》の子孫とは、養叟宗頤《ようそうそうい》とその弟子春浦を言う。養叟と一休は兄弟弟子でありながら、その資質、家風の違いから、傍目《はため》から見ても見苦しいほど反目《はんもく》しあっていた。

当時は、室町三代将軍足利義満《あしかがよしみつ》（一三五八〜一四〇八）の全盛時代を了《お》え、いよいよ応仁の乱へと社会の陣痛が始まる頃である。社会的にも政治的にも、誠に多難な時期であったが、ご多分にもれず大徳寺も、そこから逃れるわけにはいかなかった。

京の都が戦乱による幕府の弱体化及び朝廷の疲弊《ひへい》によって活力を失っていったことと反比例して、泉南の堺《さかい》は対明貿易の拠点として世界的な商業都市になりつつあった。

養叟はそうした**堺の町衆を対象として、禅の普及に乗り出す**が、その方法論において、一休から痛烈な批判をあびることになる。養叟の弟子春浦にも容赦《ようしゃ》のない糾弾《きゅうだん》の手はのびた。

一休は「自戒集《じかいしゅう》」の中で、「養叟をば大胆厚面禅師」と言い、「養叟が門に入る者は道俗男女やがて推参になる。五月十日之内にやがて得法づらを仕《つかまつ》り」と禅の安売りを批判し、はては春浦を「畜生《ちくしょう》の如し」と痛罵《つうば》する。

一休は後小松《ごこまつ》天皇のご落胤《らくいん》といわれ、生まれながらにして高貴の身であってみれば、権力や名誉に対して、何らの羨望《せんぼう》も違和感も抱かず正々堂々と対峙し、師の華叟によって長年にわたって培われてきた大徳寺一流の純粋禅をそのまま体現できたのである。

これに対し、養叟は大徳寺の純粋禅を維持するために、大徳寺を**五山十方住持《じっぽうじゅうじ》制**という室町幕府の管理下から脱し、自由な活動を求めて民間布教に努める**林下《りんげ》**の道場とすることによって一流相承《いちりゅうそうしょう》をはかったにもかかわらず、それは実は朝廷への接近に他ならぬ、と一休は見たのであろう。

朝廷を取り込むことは、町衆の意をこちらに向けさせることであり、一休の眼には不純なものとしか映らなかったに違いない。

大燈《だいとう》国師の法を嗣《つ》いだ大徳寺第一祖徹翁《てっとう》の「栄衒《えいげん》の徒（自分に才能があると見せびらかし、世の人々をごまかす者）に示す」には、「凡《およ》そ参禅学道の輩《やから》は須《すべか》らく、日用清浄なるべし、日用不浄なるべからず（いわゆる日用清浄とは、一則の因縁を究明して、無理会《むりえ》の田地に到って、昼夜工夫怠《おこた》らず、時々根源を切断して、仏魔も窺《うかが》い難き処、分明に座断して、往々に名を埋め跡を蔵し、山林樹下に一則の因縁を挙揚し、時に無雑純一なり）。然して吾れは善知識と称して（略）仏法を以て度世の謀《はかりごと》と為す、是れ世上栄衒の徒なり」とある。

これに照らし合わせてみても、養叟一派の行履《あんり》（日常一切の行為）の不正なるところ、明白ではないか。まさに「華叟の子孫　禅を知らず」である。

「狂雲面前　誰か禅を説かん」

華叟のもとで、命を賭して修行してきた枯淡の香り高い、**松源**《しょうげん》—**虚堂**《きどう》—**大応**《だいおう》—**大燈**《だいとう》—**鉄翁**《てっとう》—**言外**《ごんがい》と続いてきた禅を、我がものとしている**狂雲**《きょううん》（**一休**）の前で、一句吐《は》ける奴《やつ》がいるか。

「三十年来　肩上重し　一人荷擔《かたん》す　松源の禅」

師の華叟が亡くなってから三十年、この痩せた肩に営々として、「松源の禅」を私、一休一人が担ってきた。一器の水を一器に、何の過不足もなく移すが如く受け継がれてきた純粋禅は、養叟でもなく春浦でもない、この一休こそが真の担い手なのだ。この自負があるために、一休は自分を「一人荷擔す松源の禅」と言ってみたり、「虚堂七世の孫」と称したりするのである。最も一休のライバルであった養叟の法嗣《はっす》春浦が寺院を開創するにあたってつけた名が、松源崇岳の名に因んだ「松源院」であった。このことから、春浦もまた、一休に劣らず松源崇岳や松源派を、慕い仰いでいたことはこのことによっても鮮明である。

前述したように、春浦は大徳寺の第五祖である。その春浦の法は法嗣の**実傳宗真**《じつでんそうしん》に伝えられ、実傳の下に**古嶽宗亘**《こがくそうこう》（北派）と**東渓宗牧**《とうけいそうぼく》（南派）を輩出《はいしゅつ》し、さらにその法系には利休居士《りきゅうこじ》参禅の師である**春屋宗園**《しゅんおくそうえん》や**古渓宗陳**《こけいそうちん》、および**玉室宗珀**《ぎょくしつそうはく》、**沢庵宗彭**《たくあんそうほう》、**江月宗玩**《こうげつそうがん》などの禅傑《ぜんけつ》が綺羅《きら》星《ほし》のごとくつらなっている。

この桃山時代から江戸時代寛永《かんえい》頃が、大徳寺のいわゆる「紫《むらさき》野《の》仏法」が大きく花開いた時であったが、春浦の時代は大燈国師に始まる大徳寺の純粋禅——紫野仏法の草創期《そうそうき》を担い、誠に地味ながら多くの葛藤の中で、いよいよ深く広く根を張っていったのである。

平成十年四月二十日、一年遅れであったが春浦宗熈禅師の五百年遠忌を、再興なった松源院で執り行うことができた。その時、私は次のような偈を作って春浦の禅を寿《ことほ》いだ。

宿業消えることなく五百年
蔓延《まんえん》す毒焔《どくえん》　祖師の禅
巣庵《そうあん》即刻　何の事をか為す
脚《あし》を擡《もた》げて蹈翻《とうほん》す　東嶽《とうがく》の巓《てん》

（春浦禅師が亡くなってから五百年、厳しい禅風は今もなお修行者を悩ますほどに素晴らしい。

　春浦禅師（巣庵は号）は松源崇岳そのままの「大力量」でもって、聳《そび》え立つ東嶽〈松源院のこと。松源院の山号は「東山」〉の頂上を蹴《け》飛ばしながら、今も宇宙一杯に充満し、生き続けている。）

松源院本堂　「東山」の額がかかる

三　柿の帶《へた》茶碗

◆特産「浄蓮柿《じょうれんがき》」

松源院の庫裏《くり》の前身である旧山岡家住宅、初代の吉右衛門の号を浄蓮《じょうれん》という。正保四年（一六四七）、徳川三代将軍家光《いえみつ》の時代に生まれ、家綱《いえつな》―綱吉《つなよし》―家宣《いえのぶ》―家継《いえつぐ》―吉宗《よしむね》にいたる六代の将軍の時代を庄屋として生き抜き、元文《げんぶん》三年（一七三八）九十一歳で生涯の幕を閉じた。

その間、家綱の文治政治に始まり、元禄《げんろく》という大きな晴やかな時代もあって、浄蓮は享楽を謳歌《おうか》したように思えるが、文化の担い手はおもに町人層であって、宇陀《うだ》の山深いところでは、浄蓮をはじめ農民の生活は困窮をきわめた。

その実体は、浄蓮誕生直後の幕府の「慶安《けいあん》の触書《ふれがき》」（慶安二年・一六四九年）によっても、十分に想像できる。たとえば、農民は代官や村役人の命令に従い、米の替わりに麦、粟《あわ》、稗《ひえ》、大根、芋《いも》などを常食とすべし、お茶や酒や煙草の嗜好品はもってのほか、衣類は麻・木綿以外は着てはならず、朝から晩までよく働くことなど、農民の質素倹約の徹底を強いたもので、「生かさぬよう、殺さぬよう」そのままであった。

宇陀の俗謡《ぞくよう》に、「正月来たら何うれし、雪みたいなママ食べて、割木みたいなトトそえて、炬燵《こたつ》にあたってねんねこしょ」とある。哀しい歌である。

また、天変地異も多かった。浄蓮はこのような窮状を見かねて殖産を志し、四十歳頃より諸国を行脚《あんぎゃ》し、柿の苗木を持ち帰って、宇陀郡一円の特産としたのである。その柿を彼の名を取って、「**浄蓮柿**」という。

当時、御所柿やつるし柿である大和柿もあったが、これらは宇陀特産の葛《くず》や紙とともに藩に上納され、藩からは各方面に贈られたり、江戸表《おもて》に送られたりした。しかし、小ぶりな浄蓮柿はそうではなかった。いわば里柿であり、庶民のものであった。

浄蓮柿といわれる古木が、松源院の門のわきに今もある。高さ二・五メートルほどの小さなもので、根の部分は空洞化し、雲母《うんも》を数枚重ねたような皮だけとなったものが、かろうじて全体を支えている。外見や樹齢に似あわず、葉を豊かに繁らせ、毎年富有柿《ふゆうがき》を小さくしたような実をたくさんつける。

柿の蔕茶碗（辻村史朗作）

◆素朴な柿の蔕《へた》茶碗

今の時代、物が豊富になりすぎて、かつての苦しい人々の生活の名残でもあるこの柿も、誰からも顧みもされず、まして採って食べられることもない。熟して地に無惨に落ちたあとには、蔕《へた》がそのまま残って、それが一年中枝に張りついている。枝々に無数の柿の蔕がこびりついて、寒中に影のように映る色形には、取り残されたものの悲しみと詫びしさがあって、そのことが朝鮮半島の**高麗《こうらい》時代**の「**柿の蔕茶碗**」を連想させるのである。

柿の蔕茶碗はたしか、民衆のなかの雑器であったはずである。粗悪な土で作られる器の表面は、指のひらや鹿皮などを使って、ていねいになめらかに仕上げられるのではなく、目の粗《あら》いボロきれをつかってなされるために、糸巻状の細かい線となって、手にザラつく。

掛けられる釉薬《ゆうやく》がたっぷりとした濃いめのものならば、焼き上がりの手ざわりは、しっとりとしたものになるのであろうが、雑器とあらばそんなことにはいっこう頓着《とんちゃく》することもなく、水のような薄い粗末な釉薬が掛けられるだけである。それは薄茶色などの透けるような景色ともなり、釉が流れる側面は素地がそのままあらわれて、その兼ね合いが面白い。

これらは氏《うじ》も素性もわからない陶工たちによって無造作に作られたものであろう。茶碗には作る者の無心無作の境地が、すなわち陶工自身の全部がそのままあらわれていて、そこには「土」のにおいがするのである。

高貴な磁器とは、一線を画されるものがある。中国北宋《ほくそう》の定窯《ていよう》の白磁《はくじ》などと対比させれば、その特徴は鮮明である。選び抜かれた胎土《たいど》や、研究に研究を重ねた釉薬、一点の隙間もない熟練のわざ――あまりの完全さゆえに、かえって息をつまらされるようで、自然と人工の差異に似ている。

自然には人情の懐かしさがあって、どうしてもそちらに引かれるのは私だけではあるまい。

「柿食へば鐘がなるなり法隆寺」と正岡子規《しき》は詠んだが、宇陀一帯を含めて大和は柿の産地である。柿が古い寺の築地塀《ついじべい》から顔をのぞかせている姿や、深い山のなかの茅葺《かやぶき》農家や土蔵《どぞう》を背にした丈《たけ》の高い大きな柿の木が、いっぱいに広げた枝を折れよとばかりに実をたわわにつけている風景には、誰もが郷愁を覚えるであろう。

明治の初期、日本に来たある西洋人が、秋の東北地方の風景は桃源郷《とうげんきょう》であるといった。そこには、どこの家にも一本はあるという柿の木が点在していたはずで、そのような風景が我々の心の片隅にひっそりとしまわれているからであろうか。

柿は日本人、特に下々の者にとって因縁浅からざるものがあった。そこに「蔕《へた》」という文字が添えられると、言葉のニュアンスからして必ずしも上等ではない切れ端のような意も含まれてきて、浄蓮の生きた江戸時代に想いを重ねあわせてみると、苦汁に甘んじなければならなかった農民の立場を、いっそう強調し象徴するもののようにみえてくる。

柿の蔕にも、あの高麗《こうらい》茶碗にも、どん底の土のにおい、どん底の自然のにおいがある。そこに一抹《いちまつ》の侘《わ》びしさが漂うが、そのどん底こそ自然の素晴らしさであり、あの茶碗をいみじくも「柿の蔕茶碗」と名づけた人の卓見には脱帽するしかない。

四 茅葺《かやぶき》屋根とステンドグラス

◆夢の実現へ

松源院に来て、すぐ思うことがあった。それは庄屋を改造した寺の屋根が、本来は茅葺《かやぶき》であったにもかかわらず、薄ねずみ色のペンキを塗ったトタンで覆《おお》われたままであったからである。およそ、この建物にはふさわしいとは思われない軽薄さであった。なんとしてでもこの屋根をもとの茅葺の姿にもどし、大和民家建築の雄姿を蘇らせたい、と思ったのである。

雑多な街から帰って来て、屋根の下で囲炉裏《いろり》の炭火を囲み、一抱えもある黒光りする太い梁《はり》を眺めながら一服の茶をすする時、日本家屋の良さをしみじみと感じることができるだろう。

近年、この阿騎野《あきの》界隈は万葉の故地でありながら、土地開発がすさまじく、目を覆いたくなるほどで、それにつれて古い民家がポツリポツリと姿を消していく現状を見るにつけ、この建物を旧の姿に戻し、しっかりと後世に受け継いでゆかねばならない、と思ったのである。その夢の実現—復旧の時が来た。平成十年秋の台風がトタン屋根を持ち去っていったからである。

茅葺師は奈良県に唯一人の大宇陀町大熊在の隅田隆蔵氏であった。作業は子息の茂氏と、後片づけ整頓などは隆蔵氏の奥さんが受けもった。茅の量は面積にして五町歩分。この分量の茅を、長さ約一・八メートル、直径約五十センチを一束《たば》として、おおよそ二千五百束、なにしろ屋根の面積が普通の茅葺屋根の二倍近い大きさなのである。屋根に上げるのに電動リフトが使用された。昔ならば近在の人たちが寄りあって、総勢でその大きな束を、人によっては二束もかついで梯子《はしご》を登り運び上げたが、今はもうそういう風習もなくなった。茅葺きは、このリフト使用以外はすべて手作業であった。

屋根に上げられた茅の束は、隅田氏父子の手によって一束一束ほぐされながら屋根の一番下から、まず横に水平に葺かれてゆく。その際父子はそれぞれ両端に別れ、そこから二人は中央に向かって葺き進み、中央で一緒になって一段落ということになる。一段茅を葺き終わっては長い細い竹で茅を押さえ、縄で下の基礎をなす竹と丸太とからなる骨組にからませて締めつけ、固定してゆく。そうやってから、またその上に茅を重ね、六回くらい繰り返して、一段の厚さが七十センチほどになると、ようやく一番下の部分の茅葺が終わる。それより徐々に、同様の手法で上方（棟《むね》）に向かって葺き進むのである。

軒の底に当たる部分や表面を揃えるために、手製の「たたき」と称する、先が平になったスコップのようなもので表面をたたいて整えるが、高い屋根の急斜面に立って吹雪の中で作業する姿は、まるで登山家が冬山で雪の中をラッセルしているようである。茅は根になる部分が下になるいわゆる「本葺《ほんぶき》」で葺かれた。固いために杉で作られた「たたき」は、すぐに表面のやわらかい部分が減って、年輪のところが筋のように残り凹凸状になるが、これがかえって茅の面を整えるのにはすべらずに良いのだそうである。

◆熟練の技

この屋根を解体し始めて、隅田氏が重大な発見をした。一つは、屋根が創建当初は草葺であったことは奈良県教育委員会の調査で知られていたが、今回屋根の一番底から炭化した藁束《わらつか》が発見されたことで、その後は藁葺であったことがわかったのである。したがって、このたび茅で全面を葺き替えるのは、施工時の文化《ぶんか》十一年（一八一四）以来、初めてということになる。

二つには、屋根の全面積が藁葺であると思われていたが、屋根の両側に「うだつ」があがっていた遺構が発見されたことであった。そしてこの「うだつ」の構造が、大和民家の原型を残しているのである。この「うだつ」（⇩209ページ図1）を、「本高塀《ほんだかべい》」という。時代が下がるにつれて、「うだつ」は茅葺の表面と水平となり、瓦《かわら》の下の部分の側面には漆喰《しっくい》や土壁《つちかべ》を塗って袖《そで》壁《かべ》とするが（図2）、後には隣からの類焼を防ぐための実用として発展し、この部分が、茅葺の水平面より一段高くなるのである（図3）。これらは単に「高塀《たかべい》」といわれるが、初期の「本高塀」は、美的趣味によるものである。遠望すると大きな茅葺の表面の両側に細い線のように見える「うだつ」が、スッと伸びる姿は、やわらかで暖かな感じの茅葺屋根に一筋の冷たい水をあびせているようで、キリリと引きしまる。改良されて、防火を兼ねた実利的な「うだつ」＝「高塀」になると、せっかくの大らかな屋根の表面をせばめてしまう感をまぬがれない。

世に「うだつ」が上がるとか、上がらぬとか言うが、それはこのような構造の家を建てることができるのは、裕福《ゆうふく》な人に限られたので、そこから多くの富をたくわえ、あるいは社会的名誉を得て、人々の賞讃を得た、人とかに転用されることになった。

葺き替え作業の圧巻は、最上部の形成と棟を取りつける時であろうか。

両側面から最上部まで葺かれてきた茅の穂先《ほさき》が、棟の位置より高くとび出すようになると、棟の線に沿って内側に畳み込まれる。その上に茅を今度は棟に当たる線上を一直線に敷き、角度のついた頂《いただき》に、長さ二メートル、幅四十センチの杉皮を半分に折って棟の上に被《かぶ》せる。

その上を、太い長い竹を両側面に挟むように置き（棟の晒《さら》し竹）、この二つの竹を縄で結び、さらにその縄を棟の上に回す。ちょうど三角形に縄を懸《か》けるわけである。このことによって、棟の部分全体はしっかりと固定され、風などに飛ばされないのである（図4）。縄は「針」と称する竹槍《たけやり》状にしたものの先に穴をあけた所に通し（図5）、それを反対側に突き通し、待ち構えた人が受け取って、縄を竹にからませて、またこちら側に突き返し、結んでゆく。

この棟の部分を固定することは最も大切なことで、縄の縛り具合、締め具合をしっかりせねばならない。縄を引張るのに腕の力だけでは足らず、両側にいる人がお互いに掛声に合わせて、片方の足を大きく振り上げ下ろし、茅がしまった瞬間に縄をグイと引き締めるのである。

それを棟の端から端まで何十回もやるのであるから、体力の消耗はすごいものがある。いくら年季《ねんき》の入った隅田氏であっても、ここの作業は一番疲れるようであった。

あとは、「からす」（図1）と称する伊勢神宮の鰹《かつお》木《ぎ》にあたるものを、茅を三十センチの束にし、杉皮で巻いて一・五メートル間隔で取付ける。

これで屋根の全体の形ができあがったことになるが、これからは髪の毛を刈るように、剪定《せんてい》鋏《ばさみ》のようなもので、全表面をきれいに刈《か》り揃《そろ》えてゆく。ここまですべてが永年にわたって培われてきた技術と勘による手作業であった。どの部分をとってみても、魂の入っていない所はない。現代の建築のほとんどが、鋸《のこぎり》から鉋《かんな》、金鎚《かなづち》に至るまで電動化されたものによって作られ、個人の職人的技能を必要としなくなって、人間の魂の入る余地がなくなってしまった。

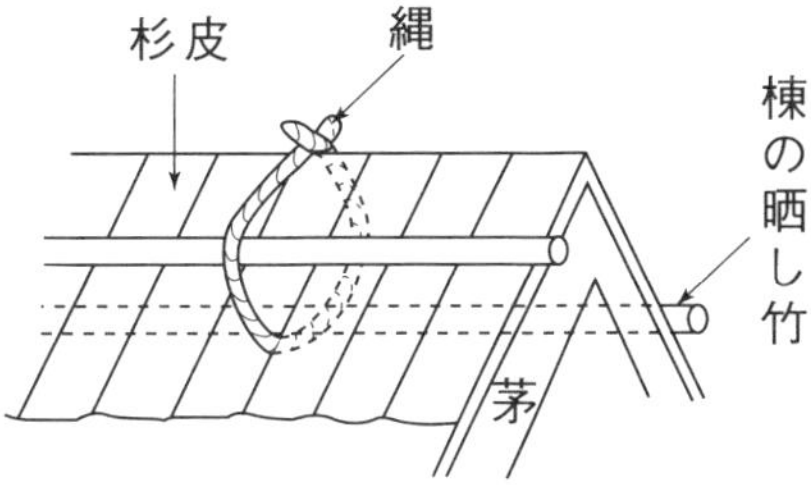

図4

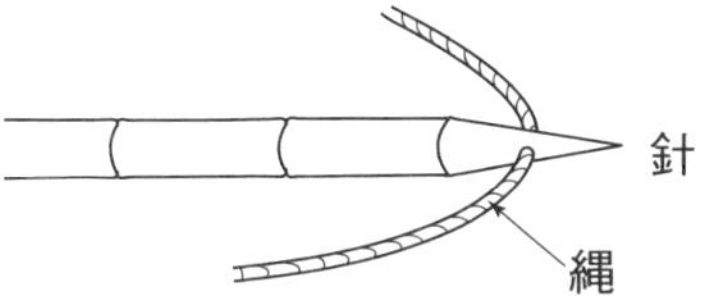

図5

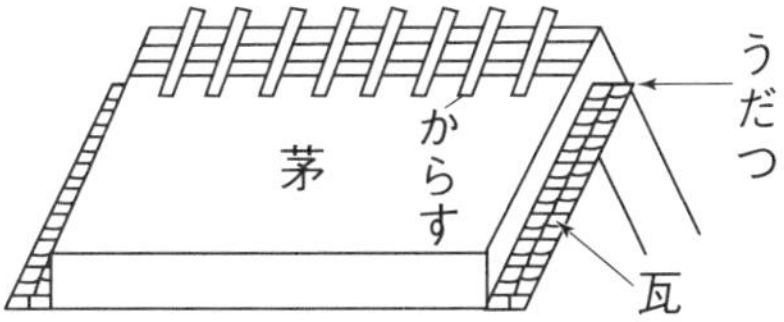

図1　本高塀

図2　高塀

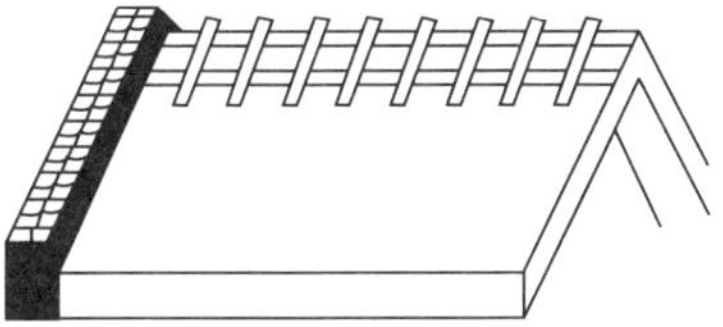

図3　高塀

松源院の高塀と模式図

◆坐禅堂の整備

茅葺屋根工事の際、屋根の真下の坐禅堂にも手を入れなければならなかった。坐禅堂の平面は縦十六メートル、横八メートル、高さ五メートル余り。切妻造《きりづま》の屋根裏で、壁面（南北）は三角形である。最上部の一辺約二メートル半ほどの正三角形の窓は、本来煙抜きであった。

床は板敷で、その下には厚さ十センチほどの土が敷かれている。これは創建当初からのもので、火災の場合、下方に燃え移るのを遮断するためである。側面（東西）の内側は茅葺屋根の骨組みが露出していたが、高さ三メートル余の葭簀《よしず》を張りつめることによって隠蔽《いんぺい》すると同時に、堂内の素晴らしい装飾となっている。南側には二百年来の煤《すす》で真っ黒になった土壁を背に、等身大の観音像が祀《まつ》られていて、朝夕は行燈《あんどん》の光を受けて、闇の中に金色の身体を浮かびあがらせているさまは、厳粛そのものである。しかし日中、太陽の光が上部の三角窓から、あからさまに差し込むと、気の抜けたような空間と化してしまうのであった。

坐禅堂は、終日しっとりと落ち着いた宗教的壮厳に満ちた空間でなければならない。

かつてヨーロッパを旅した時、教会堂で、自ずと頭《こうべ》を垂《た》れたくなるような厳かさと美しさに打たれたが、あの感動を、この**日本の民家建築とステンドグラスを融合させる**ことによって、再現してみたいと思った。

◆ステンドグラスの製作

たまたま知人が友人と訪れた。

聞けば二人は高校の寄宿舎以来の友だちで、その日会うのが実に二十年ぶりであった。話題が松源院に移るとそのまま訪ねてくれたのであった。

そこで私が思案中のステンドグラスの話をすると、初対面のその人が是非自分にやらせて欲しい、と申し出たのであった。

どうも画家らしかった。現在は大阪在住であるが、生まれは越後であり、私と同郷であるばかりではなく、私の家や通った学校からもすぐ近くの人であった。水野真理さんというその人は、祖父が社会党の代議士で、戦後の混乱の中、浅沼稲次郎《あさぬまいねじろう》らと民衆の先頭に立って戦った闘士であり、私ももの心ついてから、良くその名前を聞かされた人のお孫さんであった。不思議な因縁《いんねん》に驚かされたのである。真理さんはたまたま学生時代より、ステンドグラスに興味を持っていたので、すぐやる気になってくれたのであった。しかし、実際のステンドグラスの製作については、千葉のアトリエ・ミュージテの高井啓司氏にお願いする、ということであった。

高井氏はイタリアのミラノで数年間、ステンドグラスの製法を習った。松源院のステンドグラス製作と同時進行で、長崎の遠藤周作《えんどうしゅうさく》文学記念館の壁面製作にも取りかかっておられた。

真理さんはデザインをやってくれることになったが、私はその時、具象《ぐしょう》画は良くないので抽象《ちゅうしょう》画にして欲しいと注文した。というのは禅というもの、仏教というものを、見る人をして一つの概念にあてはめたくなかったからである。宗教は最初は宗教であるけれども、最後にはそれも越えなければならない。宇宙があらゆるものを包含《ほうがん》するように、宗教もまた、あらゆるものを、その宗教自身さえも包みやってやる包容力が必要である。

インド哲学では**この宇宙そのものを「ブラフマン」（大我）**といい、**自我を「アートマン」（小我）**といったが、この二つはその本質において同じである。**宇宙の中に我があり、我の中に宇宙がある**。二つにして一つ、一つにして二つ、である。この時、人間はただ一つの枠にはめこむことのできない存在であることを知ることができる。

かつて道場にいた時、貴重な体験をした。山中の村を托鉢《たくはつ》中のことで、なんの調子か、フッと顔をあげて、網代笠《あじろがさ》の庇《ひさし》ごしに前方の景色を見た時であった。

瞬間、前方に聳《そび》えたつ峨々《がが》たる山も、それをおおっている大きな空も、地平にある田畑や家々も、総《すべ》てが一気に、私の腹の中に納まってしまったのである。

私が私の腹の中の風景を見ていることが、すなわち外界の風景を見ていることであった。それは見ている自分と、見られている風景とが「一つ」になっていたのである。

空海《くうかい》は土佐（高知県）の山中で修行中、暁《あ》けの明星《みょうじょう》が口の中に飛び込んで来たというが、そのような壮絶なものではなかったにせよ（いや、同じことかもしれない）、同種類の体験をしたのであろうと思っている。その時、あらゆるものの束縛から逃れた、絶対自由というものを味わったのであった。**「アートマン」（小我）に閉じこもってばかりいてはダメで、いったん「アートマン」を破って「ブラフマン」（大我）に出ねばならぬ**のである。

具象画であると、見る人にひとつの枠《わく》をはめることになり、強制することにもなる。このことは「アートマン」からの脱皮を困難にするだろう。

反対に抽象的画面からは、意味を持たずに差し込む一条《いちじょう》の光が、見る人の心を解放させ、宇宙の本質を知らしめてくれる可能性が大きいと思うのである。真理さんは彼女自身のイメージを何百枚かのデッサンにし、ひとつの形にまとめあげ、さらにコラージュとして昇華《しょうか》表現した。絵というものが、こんなにも手間が掛かるものか、と思ったものだ。そうやってできたものを、ステンドグラス製作者の高井氏と色調を確かめながら、作品を作り上げたのである。

◆宝石の小箱

北面の三角窓は、大きな花びらを抽象化したもので、ブルーを主体とした深くて静かな海底

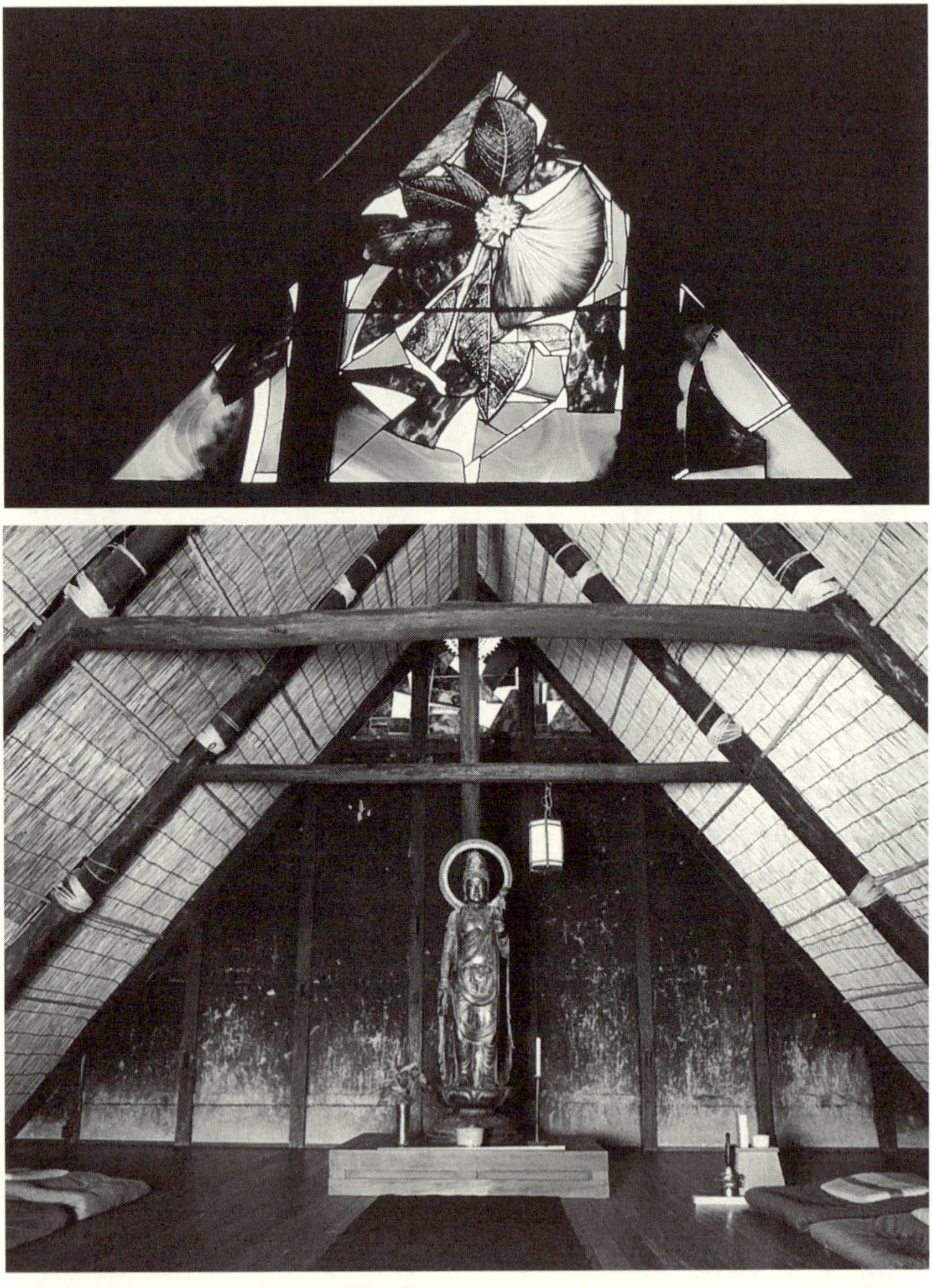

坐禅堂のステンドグラスと観音像

を思わせる色調である。

南面のステンドグラスの中心は、十字架《じゅうじか》のようになっていて、それを白濁《はくだく》色のものが取り囲むように配置されている。その傍に、葡萄牙《ポルトガル》の赤ワインのような紫黒がかった赤色が大きな部分をしめ、さらに濃紺《のうこん》や濃緑のものが、厚い色ガラスの質感を十分にたたえながら、さまざまな形で散りばめられている。

その色彩の妙は重厚《じゅうこう》華麗、中世のキリスト教の教会堂を思わせるものがある。事実、ステンドグラスはキリスト教芸術、と言ってよいようである。

それ以前、西洋建築の壁や窓に当たる部分は、例えば古くは、ギリシャのパルテノンの破風《はふ》にあるフリーズや、パルテノン神殿の北方にあるエレクテイオン神殿（紀元前五世紀）の女像柱に象徴されるように彫刻によって装飾された。時代が下がるにつれ、それらはテンペラ画やフレスコ画にとって替わられるのである。さらに壁の窓にステンドグラスを本格的に採用してゆくのは、中世のキリスト教の教会においてであった。さまざまな色彩は、とくにそれが構図において物語性を持たせられた時、太陽の光の移動によって、ステンドグラスに表現された以上のものが建築物内部に送りこまれ、見る人の心をとらえ、感動させ、そして大きなある意味を与えたからであろう。

禅堂の観音像は、南側のステンドグラスを背景とすることになった。そこから差し込まれるさまざまな色のスペクトルは、朝太陽が昇って、夕に西山に沈むまで、思わく通り後光のように美しく、ある時には虹のような赤を、ある時は濃い緑の葉を透かしたような色を、またある時には白く明らかな色を観音《かんのん》の宝冠《ほうかん》や、肩や、衣の裾《すそ》へと広がらせ移動させてゆく。観音の表情もそれにつれて変化して、まるで生きとし生けるもののようである。

しかし「無」を標榜《ひょうぼう》する禅にとっては、坐禅堂でのかかる装飾は、邪魔もの以外の何ものでもない、と映るかもしれない。寒巌枯木《かんがんこぼく》の墨絵《すみえ》の世界に身を置くことによって、「無」の境界に至ろう、というのが禅家《ぜんけ》の常套《じょうとう》手段であった。

坐禅は、坐禅をしているその時、その場所が大雄峰底《だいゆうほうてい》であり、天上天下唯我独尊《ゆいがどくそん》である。

本来、外境は問題ではなく、禅堂に取り付けたステンドグラスも、坐禅するまでのプロローグとしてある。しかし、そうでありながらも、実際に坐禅をして、自らの心を空っぽにして、ふと見上げるステンドグラスの光が、もしかするとより深い神秘的体験、あるいは宗教的直観を与えてくれるかも知れないのである。なぜなら、「光」は真・善・美の象徴であるから。鬱悒《いぶせ》き茅葺の屋根裏小屋にあって、万華鏡《まんげきょう》のような宝石の小箱とも言えるこの坐禅堂は、坐す人をして大きな因縁《いんねん》を与えるよすがとなるに違いない。

五　高校生の坐禅会

◆一滴の役割

禅のこと、つまりは「人間とは如何《いか》なるものか」、「如何に生くべきか」ということを禅家の立場から知ってもらおうと、松源院に入寺した平成五年から提唱《ていしょう》（講座のこと）を始めた。

最初は、中国の南宋《なんそう》時代の禅書『十牛図《じゅうぎゅうず》』からであった。『十牛図』は、禅について右も左もわからない初心者が、禅のことはもちろん、仏教関係についての話を聞いたり、読んだりするような段階から、真理にたとえられる「牛」をつかまえ、さらにはその「牛」をも放ってしまう、すなわちこれが真理真実であるとするそのものまでも捨てて、天上天下を闊歩《かっぽ》するまったくの自由人になるまでの過程を書いたものである。人間には、このような素晴らしい境界《きょうがい》を我がものにすることができる資質を誰もが持ち合わせているという教えである。

毎月一回の提唱であったが、十名前後の人たちが聴きに来てくれた。

世の中のほとんどの人たちの関心ごとが物欲にある現代において、このような精神世界に対して、本当に関心を持ってくれる人は少ない。この圧倒的な物欲の大海に住む人々に対して、この山家に一人霞を喰って生きようという私のなし得ることは、ゼロに等しい。

そこで私は開きなおって、こう考えることにした。ここに大きな泥の湖があったとする。その岸から小さな枝が張り出していて、その葉先から、朝露がポトリ…ポトリと落ちてくる。その滴《しずく》の落ちたところは、時間をへるにつれ、微かながらも澄んでゆくのである。それは微々たる面積にすぎないが、ともかくも、その部分は澄んだ、清らかな透明な水と化してくる。

私にその一滴の役割を果たすことができるのならば、果たしてみようと思ったのである。

十名前後の聴講者は、地元大宇陀の人が三名ほどで、あとは奈良市や三重県名張《なばり》市、なかにははるばる広島からやってくる人たちであった。しかし、せっかく大宇陀に松源院が再興されたのであるから、この地の人たちに禅を知って欲しいと思った。

当地の禅文化の下地は遠く江戸時代初期にすでに築かれていた。江戸時代初期、大宇陀は**織田信長の次男信雄《のぶかつ》**（一五五八〜一六三〇）が宰領《さいりょう》した。宇陀松山城にちなんで、**織田松山藩**とよばれた。この時代の武将が、多く禅に帰依《きえ》していたことは、大徳寺の塔頭《たっちゅう》が、時の有力な武将のほとんどの菩提寺《ぼだいじ》であったことからもわかるが、信雄もその例にもれなかった。信雄亡きあと、二代藩主であった織田高長《たかなが》は、父信雄の霊を弔《とむら》うために、大徳寺の天祐紹杲《てんゆうじょうこう》禅師

（一五八六～一六六六）を開山として、藩の陣屋近くに徳源寺《とくげんじ》を建立した。

このような関係から、禅の深い影響を受けた「茶《ちゃ》の湯《ゆ》」や「能楽《のうがく》」がこの大宇陀にも広まったが、惜しいかな、四代藩主信武の時、国替えとなって、織田家は丹波国柏原《かいばら》（兵庫県）に封《ふう》を移されてしまった。その結果、織田家に根づいた禅に関する文化もまた、臣下と共に根こそぎ柏原に持ってゆかれた。

以後、大宇陀の地には禅も禅文化も根づいていない。わずかに大徳寺の名僧天祐禅師を開山とする徳源寺に織田家四代にわたる藩主の五輪塔が祀られ、建物が残っているにすぎない。

松源院が再興される以前は、師匠の立花大亀《たちばなだいき》老師が三十年もの間、近くの在家に月一回の提唱のために京都大徳寺から通っておられ、私も弟子入りした頃から、三年ほど師匠のお供をした。当時も聴講者は十名前後で、皆年配者ばかりであった。私はもっと若い人たちに提唱を聞いて欲しいものだと思っていた。なぜなら、ちょうどその頃、学生運動が盛んで、学生たちの多くが、真の生き甲斐《がい》を探し求めていたように感じていたからである。師匠の傍《かたわ》らで初めて提唱を聞く私には、禅の話は新鮮であった。そして**禅の中には「如何に生くべきか」と言うことを模索する若い人たちの指針となるべきものが、たくさん含まれていたのである。**

再興された松源院は、二〇〇年ほど前に建てられた庄屋の建物を改修して庫裡とし、向かいの道路わきに、小さな天平《てんぴょう》風の本堂が新築された。築後十年近くは留守番を置いていたが、その後、私が住職としてこの松源院に入ることとなった。私はまず、禅寺としての空気を一切持っておらず、勝手放題に使われていた内部のガラクタの整理から始めた。白砂の庭のように、余分なものをすべて捨てた。そこに巣喰っていた魑魅魍魎も含めて。

それとともに、トタン葺《ぶ》きの屋根を原初の堂々たる茅葺《かやぶき》に復旧し、坐禅堂には異端《いたん》とも言うべきステンドグラスを取りつけて、禅の最も基本となるべき坐禅のための環境を整えていった。新しい禅寺が本当に地域と密着したものになるには、長い年月を必要とするが、一軒の檀家《だんか》とてないこの寺は、もっと時間を要するかもしれない。ともかくその礎《いしずえ》となるべく提唱をやり、坐禅会を開きながら、そこにどうしても次の世代を荷うべき若い人々の参加が欲しかった。

◆禅体験① 作務《さむ》

着任以来十年近くたって、近くの県立大宇陀《おおうだ》高校から高校生の坐禅体験をさせてもらえないか、との申し出があった。「ようやく若い人たちにも坐禅をしてもらえる」――私の喜びは何ものにもかえがたいものがあった。最初の来訪者は体育クラブの男子と茶道部に席を置く女子生徒たち、合計十六名で、先生に引率されて来た。彼らはみな礼儀正しかった。それは、規律が良く整った体育部と、日頃の茶の湯の稽古《けいこ》にはげむ茶道部の生徒であったからかもしれない。

彼らの中で、それまで坐禅を経験したことのある者は一人もいなかった。そこで坐禅について、一から説明しなくてはならなかった。まずは作務《さむ》（労働）から始まった。作務とは、自分の生きていることに対する務《つと》めを作《な》す、ということである。その時は庭の草取りであった。

作務は、労働が自分の働きに応じて賃金や利益を得るのとは違う。**自分が何ものかによって「生かされている」ことに対する感謝の念**が、作務の中には含まれている。利害関係のない行為であるから、無心になりやすい。特に草取りなどは、一番坐禅に近い状態に入れる。生徒たちは、先生の号令のもとに無駄話をすることもなく、一勢にやることができた。

◆禅体験②「坐禅」——「調身」「調息」「調心」

作務が終わって、いよいよ坐禅である。坐禅とは、心を一境に住することであって、そうするための心得として、身につけておくべきことが三項目ある。

一つは「調身」である。身体を整えること、すなわち姿勢を正しくすることである。

まず足を組むことから始める。あぐらをかくような状態から、右足を左の腿《もも》の上にあげ、次に左足を右の腿の上にあげるが、これを吉祥《きっしょう》坐という。足を上げる順序を逆にするのを降魔《ごうま》坐と言い、このように両足を腿の上に上げるのを**結跏趺坐**《けっかふざ》というのである。

足が固くて結跏趺坐のできない人は、半跏坐といって、片方の足のみを反対側の腿の上に乗せる方法でも良い。さらにこれもできない人は、あぐらをかいたり、正坐でも良いのである。慣れるに従って、結跏趺坐もできてくる。

次は手の位置である。両手の置き方はいろいろあるが、臨済禅の千軍万馬《せんぐんばんば》を叱咤《しった》する将軍の家風を体《てい》して、左手の親指を右手全体に掴《つか》むようにして、両手でグッと握りこみ、それをお臍《へそ》の下あたりに位置させる。ひじは脇の下から離す。この型を仁王禅《におうぜん》ともいう。その他、右手を趺坐した足の上に、手の甲《こう》を下にして置き、その上に左手を重ね、左右の手の親指を軽くつけて印《いん》を結ぶ型など、多数あるが、これも場合によっては、自分に一番あったものにすれば良い。

足と手がすんだら、次は頭のテッペンで天を支えるような気持ちで背骨を真すぐに伸ばし、顔を正面に向け、耳と肩が垂直になるようにする。

眼は斜め前方一メートルぐらいの所に置く。そうすればおのずと半眼《はんがん》となる。眼は絶対に動かさない。**眼が動くということは心が散乱している証拠である**。それでは坐禅にならない。

唇は軽く閉じ、肩の力を抜いて、舌は上の歯ぐきの内側に軽く当てる。

これで坐禅の一応の型が出来たことになる。それから、そのまま、上半身を前後左右に振っ

高校生に禅を唱く筆者（大宇陀高校）

てみて、時計の振り子が止まるようにして、腰が定まったところが、一番安定した型である。この型は何千年も前からインド人が、ヨーガなどで立ったり、坐ったり、逆立ちしたりして試行錯誤《さくご》を繰り返してきた体験の積み重ねの中から、釈尊が最も安定した体型として確立したものである。第一義から言えば、この時すでに我々は、悟《さと》りの中にいることになる。

二つ目は「調息」である。腹式呼吸によって、呼吸を整えるのである。お臍《へそ》の下三寸《さんずん》のところを、「気海丹田《きかいたんでん》」というが、ここで呼吸するのである。

「数息観《すそくかん》」という方法がある。吐く息、吸う息を、「ひとつ・ふたつ・みつ・……とう」と数えるが、「ひとー」で吸い、「つー」で肺の中の空気はもちろん、気海丹田も空っぽにするようにして、息をゆっくりと長く吐いてゆく。「ふたー」で吸い、「つー」で吐く。「とう」までいったら、また「ひとつ」にもどる。**長い呼吸《いき》は長生きに通じる**が、これを繰り返すのである。これは出入息観というが、簡単なようでいて、なかなかむずかしい。呼吸の数を数えているうちに、雑念が入ってきて、数をどこまで数えたのかを忘れてしまうのである。忘れたら、また「ひとつ」からやり直してゆく。こうしているうちに気海丹田に気がたまってきて充実してくるとともに、頭の方は空っぽになっていく。

いわゆる妄想煩悩《もうそうぼんのう》に満ちた自我が、無くなっていくのである。そうすると、自分の中にある

「気」と、外部の「気」との合一《ごういつ》、すなわち自分と外の世界とが、ひとつになって「天地と我と同根、万物と我と一体」という心境を感得することができるようになる。

数息観の他にも、吐く息だけを数えてゆく方法（出息観）、あるいは吸う息を数える方法（入息観）がある。どの方法を取っても良い。

禅に大きな影響を与えている中国の道教《どうきょう》に呼吸の調整法として、「吐故納新《とこのうしん》の術」がある。体の中の故《ふる》い空気を吐《は》き出し、新しい空気を納《い》れる術で、不老長寿を目的とするが、古来より禅僧が比較的長寿であることを思うと坐禅にもそういう効果はあるであろう。

三つ目は「調心」である。

調身、調息に意をもちえて坐禅をしていると、**心の中からは、いろいろな雑念や妄想《もうそう》が次から次へと沸き上がってくるが、それを止めようなどと考えずに、そのままにさせておくのである。しかし、出てきた意識を追いかけてはならない。何も思わぬことが肝要《かんよう》なのである。**そうしているうちに妄想煩悩の束縛《そくばく》から開放されて、自己の心とは初めから「無い」ものであったことがわかってくる。これを「**見性**《けんしょう》」と言うが、このことを実体験できれば、**大安楽の境地を我がものにしたことになる。**また、調身、調息が完全に行われるならば、自然に調心となり、反対に調心が成就《じょうじゅ》出来れば、おのずと調身、調息も完成していることになる。

坐禅を体験する大宇陀高校生

◆禅体験③「脚下照顧《きゃっかしょうこ》」と「一期一会《いちごいちえ》」

ついでながら、生徒たちは、みな禅寺は初めてでもあったので、禅にまつわる話を二・三することにした。ちょうどそのころ、テレビのＮＨＫ大河ドラマで宮本武蔵のことをやっているということであった。私はテレビもラジオもない生活なので、どのような内容なのかは知る由《よし》もなかったが、大徳寺の**沢庵宗彭《たくあんそうほう》**（一五七三〜一六四五）が武蔵の師であったということから、沢庵禅師の剣術《けんじゅつ》についての考えを話した。

沢庵禅師には江戸幕府三代将軍家光《いえみつ》の剣術師範であった柳生但馬守《やぎゅうたじまのかみ》に与えた「不動智神妙《ふどうちしんみょう》録《ろく》」という書簡がある。その中で沢庵禅師は、「不動智」について語り、**物を一目見た時、心をそこに止めないことだ**、と言っている。

たとえば、十人の剣客と一人ずつ相手をする時、一人一人の太刀《たち》に心を留めることなく、次から次へと真新しい気持ちで相手になってゆくと、スムーズに油断のない働きができる。しかし、一人の前で心が留まってしまうと、二人目の時には最初の人の方へ心の何分の一かが行ってしまって、そこにスキが出来、本当の力が出せずじまいになり、敗けてしまうのである。

このことは、常に我々の目の前にある「**欲望**」という敵についてもいえることである。

ここに欲しいものがあるとする。それはお金でも、食べものでも、芸術作品でもなんでもよいが、そのひとつごとに心を留めてしまうと、その品物をどうやって手に入れよう、から始まって、お金をどうやって工面《くめん》しようかとか、ひどいのになると、どうやって人を騙《だま》そうとか、はては泥棒までして我がものにしようなどと、心は嵐のように動いて収拾がつかない。すぐに次のものが眼前に現れても、そこに精神集中はなされず、納得のいく行動が取れなくなる。

どんなに素晴しいものが目の前に現出したとしても、鏡がその前に来たものだけを映すように、心を次から次へと移すことが大切で、**ひとつのものに執着し、留めてはいけない**のである。**心を鏡の如《ごと》く磨《と》ぎすまし、写るにまかせる**のである。写ったものを追いかけてはいけない、すなわち**ものごとに、とらわれてはいけない**。とらわれると、そこに心のスキができて、人間としての敗者の要因を作ってしまうのである。そこには少しも自己の絶対的主体性がないということになる。ものに左右されて、世界の主人公となり得ていないのである。武蔵は、そのような精神を、沢庵《たくあん》禅師から聞いていたと思われる。

それでは「心を鏡の如く磨《みが》く」ということについて、実際の生活において、どのような行いをしていったら良いのか。

禅家には、**「脚下照顧《きゃっかしょうこ》」**という大切な言葉がある。禅寺の玄関にはこの文字が良く書かれてある。表面的な意味は、**自分の足もとをよく見る、**履物がキチンと揃《そろ》えて脱がれているか、ということである。しかし、ここに深遠な意味が含まれていることを知らねばならない。履物が一糸《いっし》乱れず、きれいに揃えられてあるならば、それは脱いだ人の心が散乱しておらず、スカッと精神が統一されている証拠である。その瞬間は、意識するとしないとにかかわらず、心は磨きぬかれた鏡のように清浄である。その反対ならば、心ここにあらずの状態で、落ちつかぬ混乱状態であると言って良いだろう。

坐禅の呼吸法でも言ったが、「天地と我と同根、万物と我と一体」で、自分と環境、主観と客観はひとつであるから、本来、片方の状態は、もう一方の状態をそのまま写し出していることになる。「脚下照顧」とは、主観、客観ともにその基本にもどれ、と言うことである。

真理は自分の外の遠くにあるのではなく、自分が今立っている処《ところ》、いつも坐ったり、歩いたり、寝たり起きたりする中にあるからである。そこのところをドイツの詩人カール・ブッセは、

山のあなたの空遠く
「幸《さいはひ》」住むと人のいふ
噫《ああ》、われひと、尋《と》めゆきて
涙さしぐみかへりきぬ
山のあなたになほ遠く

「幸」住むと人のいふ　（「山のあなた」上田敏《びん》・訳『海潮音《かいちょうおん》』より）

と歌った。自分の足もとに真理は転がっているのである。そこをはっきりと自覚し、行動してゆくことが、心の鏡を磨いてゆくことになる。「脚下を照顧せよ」である。

続いて、「一期一会《いちごいちえ》」について話した。「一期」とは人間の一生であり、「一会」とはただ一回きりの会合のことである。

今はこうやって、お互いに元気でいるけれども、明日には死んで、もう二度と会えないかもしれない。となると、この一瞬一瞬こそが、かけがえのない会合であり、今のこの場所のこの時間を、精一杯の実意と愛情とを持って、お互いに分かちあい、充実した時間にしてゆかねばならない。

◆禅体験④　坐禅後の心境

これから始まる坐禅もそうである。

ひとつ生彩を放って、生徒に坐禅に取り組んでもらうことにした。

大徳寺の一休禅師は、

一寸《いっすん》坐れば一寸の仏　寸寸積みなす　丈六《じょうろく》の身

◆坐禅後の感想1（大宇陀高校体育クラブ男子・茶道部女子、16名）

● 25分間の坐禅は少しつらかった。集中力が身に付いた。
● はじめはしんどそうに思ったけれども、思ったより心が落ち着いて気分がすっきりしました。
● もういや。でもやってよかったと思う。
● とても神聖な気持ちになった。もう少し長くてもいいと思った。
● 行く前に想像していたけど、あれだけ足が痛いとは思わなかった。正坐しているときは、脚がしびれるし、坐禅は足がつりそうになるし、とてもつらかったです。でもいい経験ができてよかったと思います。めったにできない経験だし、なんか気持ちの入れ替えができそうな気がします。
● とても時間が長かったけれど、落ち着けた。足もしびれたけれど、落ち着けた。
● 目のあたりが暗くなってきて、不思議な空間にいるみたいだった。
● すごくしんどかった。でも坐禅をやっているときすがすがしかった。
● 足が痛かった。とてもしんどい。（２名）
● 感情のコントロールが前よりできるようになった。
● 忍耐力が身に付いた。
● 物事に集中することを改めて考えさせられた。剣道の師匠の「無になれ」という言葉を思い出した。
● 今は、あまり変化はないけれど、これから少しずつ変わってくると思います。
● 自分の中にあったモヤモヤが少しとれた気がした。
● よくわからない。（２名）

と言った。

線香一寸（約三センチ、火がついて消えるまで約十分かかる）坐れば、一寸分だけ、仏のような清浄心になれる。それを何回か繰り返してゆけば、その人は、ついには仏そのものになれる、というのである。

坐禅することが、即《そく》仏になっているのである。

あとは、その心境をどのくらい深く長く体得してゆくかである。

生徒たちには二十五分坐

って五分休み、また二十五分坐ってもらった。その時の感想を表にあげる（坐禅後の感想1参照）。

この後、一年中で最も寒い二月に今度は大宇陀高校の体育館で、一年生全員百十五名が一堂に会して坐禅をした（⇩223、226ページ）。全体の九十パーセントが坐禅をしたことのない生徒で、時あたかも世間では学級崩壊の話で持ち上がるなか、血気にはやる者もいるはずだ。果たして、静かに坐禅ができるのかどうか心配でもあった。

最初の一瞬、少しざわついた空気が流れたが、一喝《いっかつ》すると、すぐに真剣になって坐り始めた。落ち着きのないもの、自ら合掌《がっしょう》するもの、あるいは一生懸命に坐っている者に対しては、さらに努力せよ、と言う意を込めて、策励《さくれい》（警策《けいさく》で肩を軽くたたくこと）した。

緊迫した空気が広い体育館を覆い、計一時間の坐禅はすぐに終わったようであった。

この時の感想も見ておきたい（坐禅後の感想2参照）。

◆結び

禅の根本は、なんと言っても坐禅である。坐禅に始まって坐禅に終わる。その坐禅のもたらせてくれるすばらしい成果の一端を、この高校生諸君の感想からも知ることができる。

坐禅の体験が深まるにつれて、自分の心というものは、本来「無」だとわかってくる。続いて、自分の目の前にある環境もすべて「無」いと言うことに気づくであろう。その「無い」という点において、すべてが平等である。

私はあなたであり、あなたは私である。絶対平等である。誰でも自分のことは可愛いと思うものだが、それは同時に同じ度合いで他者をも可愛いと感ずることである。そこには一点の利害関係をはさむ余地もない。これこそ大慈悲心《だいじひしん》そのものにほかならない。他者に対し、何の報酬も求めない、ただただ心の底からの慈《いつく》しむ愛である。

そのことを実感として、体得することを「**悟り**」というのである。それにはまず、**心に何も思わずに、一境に住して坐ることである。**

高校生諸君の感想の中に、すでに「高み」に到達することのできる萌芽《ほうが》が見られる。多くの若い人たちに、坐禅体験を積んでもらいたい。

自己犠牲や、隣人愛といった、今はすでになくなったかに見えるヒューマニズムも、それらの体験の中から厳然として再生されてくるであろう。**禅は自分を利するとともに、他者をも利するのである。**いや、他者をこそ、いの一番に利する、と言って良い。

それこそが、現代の世界に一番求められているものである。

◆**坐禅後の感想2**（大宇陀高校1年生115名）

○ 2回目があまり辛くなかった（多数）。
○ 考える時間ができてよかった。
○ 時間が経つのが早かった（多数）。
○ またやってみたい。
○ 身も心もヘトヘトでした。
○ 終わった後すっきりした（多数）。
○ 悩み事が少しおさまった（多数）。
○ 少しは自分が変わったかなと思う。
○ これからがんばってみようと思った（多数）。
○ 坐禅をしているときは寒くなかったのに、終わったら寒くなった。
● 自分が今以上にイヤになった。
● 2回目が辛かった。
● 足がしびれた。
● 私にはむいていないと思った。

◆**坐禅の特徴は何か、との質問に対しての答**

○集中すること（多数）。
○何も考えないこと。
○自分を磨くこと。
○心を穏やかにすること（多数）。
○集中すれば自然界の音が聞こえてくるのかなと思った。
○何か答えを出したいときにいいかも。
○息を整えること。

◆**今後機会があれば、坐禅をしてみたいかの質問の結果**

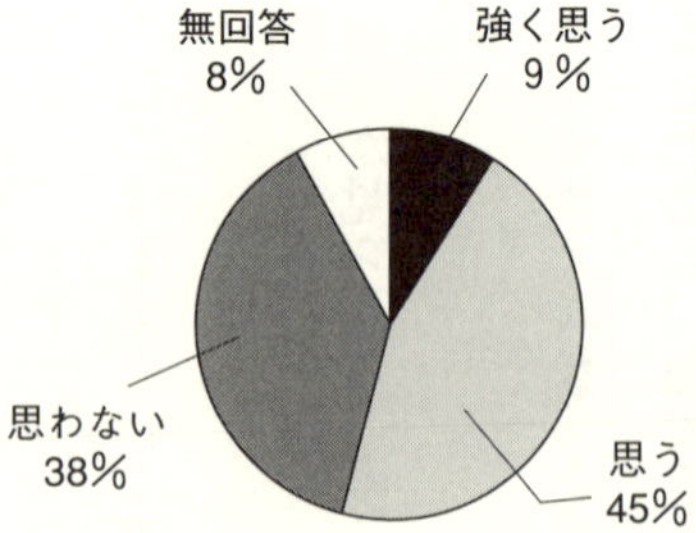

六　あかきくちびる

◆鍍金《ときん》に不可欠の水銀

「国の始まりは大和《やまと》の国、郡《こおり》の始まりは宇陀郡《うだごおり》」といわれるが、ここ松源院のある大宇陀には古代の香り、万葉の香りが漂う。

大宇陀の阿騎野《あきの》を散策しながら、高い台地に立って俯瞰《ふかん》してみると、点在する小高い山とも、丘ともいえるものには、櫟《くぬぎ》や雑木が生い繁り、やさしいまるみをおびておだやかである。

そのような山と山とのはざまを、細々とした道が曲がりくねりながら、懐《ふところ》深くに向かって消えてゆき、あるいは小さな段々畑や田んぼへと下りてくるのである。それは私たちの心のひだの奥深いところに、大切にしまい込まれている原始への郷愁と、母の暖かな胎内に帰りたいという希求とを満たしてくれるようで、いつまで眺めていても飽きるということはない。

ところで、この阿騎野を含む宇陀郡一帯の地下には**水銀《すいぎん》の鉱脈**が走っている。

今はもう跡形もなくなっているが、阿騎野周辺でも水銀が採鉱されていた。近くの菟田野《うたの》町大沢では戦後まで盛んに採鉱され、日本一の水銀の産出量を誇っていたし、榛原《はいばら》町雨師《あめし》山中には丹生《にう》神社があり、丹生都《にうつ》姫命《ひめのみこと》が祀られている。丹生の「丹」は辰砂《しんしゃ》のことであり、この辰砂から水銀や朱（赤色染料）が採れ、丹生都姫命は文字通り、水銀の神様なのである。

この水銀は七〇〇年頃には、すでに発見されていた。菟田野町大沢の水銀鉱山の遺物や、『万葉集』に、「大和の宇陀の真赤土《まはに》のさ丹《に》つかば　そこもか人の我《わ》を言《こと》なさむ」と詠われていることからも推測できる。

水銀は当時の大陸からもたらされた仏教文化と、その技術の影響を受けて、大いに利用された。古墳の中の水銀の残留物は、死者の腐敗を防ぐためのものであったことがわかるし、絵の顔料《がんりょう》や七世紀末の建築といわれる法隆寺の塗料としても使用されている。仏像の鍍金《ときん》（金メッキ）にも、水銀は必要不可欠である。

◆大仏開眼供養・北山十八間戸と光明皇后

天平《てんぴょう》十五年（七四三）、聖武《しょうむ》天皇によって発願《ほつがん》された大仏の造立には、莫大な量の水銀（むろん金も）が必要とされ、都のほど近くに産出した宇陀郡の水銀は、日夜をついで運ばれたであろう。

大仏は天平十九年（七四七）に着工し、天平勝宝四年（七五二）には盛大な**大仏開眼供養**《かいげんくよう》が営まれるが、鍍金の作業は終わっていなかった。聖武天皇自身の事情もあったが、水銀の不足と、鍍金の作業が困難をきわめたからとも思われる。

鍍金は水銀五の割合に金一を混ぜて、銅像に塗り、それに炭火を当てると水銀は蒸発し、純金だけが銅にくい込む。この時、強烈な悪性ガスが生じ、人の肉をどろどろに溶かすほどの被害を与えるが、そのために作業不能となった人々は、回復の見込みのまったく立たないまま、療養所に送り込まれた。

東大寺大仏殿の北西、佐保《さほ》川を隔てた山の斜面にあたるところに**北山十八間戸**《じゅうはちけんこ》（奈良市）がある。寛文《かんぶん》年間（一六六一〜一六七三）の再建で、十八の間数と仏間とからなる建物で、興福寺の堂塔も眼の中に収められる位置にある。鎌倉時代の忍性《にんしょう》上人《しょうにん》によって、不治患者の救済施設として作られた。

大仏造立の詔《みことのり》を発した聖武天皇の時代、すなわち天平時代にも、すでにそのような救済施設があり、鍍金による犠牲者も、一般の病者とともに、その施設で養生の日々を送った。そのような人たちの眼に、谷を隔てて燦然《さんぜん》と輝く鴟尾《しび》をのせた大仏殿の、あの圧倒的な大きさで迫ってくる甍《いらか》は、どのように映っていたであろうか。

篤い信仰心で、聖武天皇の治世を支えていた光明皇后《こうみょうこうごう》は、すでに後世のこの北山十八間戸のような非田院《ひでんいん》や施薬院《せやくいん》を作り、貧窮者や病者の救済にあたったのである。

その光明皇后の住んだ平城宮と大仏殿とは、目と鼻の先の距離である。大仏造立時の異臭は、風に流されて直接皇后の鼻を打ったであろうし、鍍金による犠牲者についても、皇后は実際に多くの見聞をしたであろう。

熱き信仰者、皇后は、心からその惨状を憂える。そこにひとつの伝説が生まれた。

さらなる善根を積まんとする皇后は、湯屋を設け、千人の人の垢《あか》を洗い流さんとの大願を発し、施行を続けるうち、いよいよ千人まであとひとりという時に、その人は全身から悪臭を放ち、その肉は腐り爛《ただ》れ落ちんとするばかりとなって、皇后の前に立ち現われるのである。あまつさえ、流れ出る膿《うみ》を、その口で吸い取って欲しいとその人は願った。

皇后は率直であった。膿をきれいに吸い取り終えた時、その人は眩《まばゆ》いばかりの仏となって、天に昇ってゆくのである。

からふろの　ゆげたちまよう　ゆかのうへに　うみにあきたる　あかきくちびる

（会津八一）

光明皇后の一点無縁の大慈悲心から発せられた施行には、是非得失美醜憎愛《ぜひとくしつびしゅうぞうあい》の念がすべて捨て去られ、ひとかけらの私情もない。ただ、その人になりきって、清浄無垢《しょうじょうむく》そのもの。ここに至って皇后は、生身の観世音菩薩である。

日本人のだれもが、このような美しい心（仏性）を本来持っている。しかし、現代科学の最先端をゆく小賢《こざか》しい機械は、硬い超合理性と、それゆえの没人格性とを知らぬ間に助長するばかりである。

今こそ私たちの内なる魂と、あらゆるものの美しい魂とに、対峙《たいじ》してゆかねばなるまい。

七　かぎろひ

◆幽暗《ゆうあん》の阿騎野《あきの》

まだ夏の延長とはいえ、山の空気が冷たく肌にしむようになってきた。

朝四時半、一日が始まる。小さな谷あいの高台にある松源院《しょうげんいん》から、夜明け前の宇陀《うだ》の山々が、青黒く静まりかえり、そのうしろに紀の国の果てまで連なる山の尾根が、濃紺色の屏風《びょうぶ》のように、南北に横たわる姿が見える。

視野一杯の広大な空間が、それらをいとも簡単につつみ込んでしまっているが、山の稜線《りょうせん》に沿う空の一部が薄赤く、そして徐々に赤澄《せきとう》色に濃く染まってきた。

天空にせり上がるに従い、黄金の色となって明るさを増し雄大な光の帯は、幽かにたゆたい始める。

陽炎《かげろう》のように――。

しかし、山ふところにある眼下の阿騎野《あきの》は、なお幽暗のさなかである。

◆都人の狩り

持統《じとう》六年（六九二）冬、のちの文武《もんむ》天皇となる軽皇子《かるのみこ》は、柿本人麻呂《かきのもとのひとまろ》ら多数を従えて、禁野である阿騎野に狩りにきた。

都の飛鳥浄御原宮《あすかきよみはらのみや》から桜井《さくらい》を通り、泊瀬《はつせ》からは檜《ひのき》や杉の樹海、岩根草木を押し分けながら困難な山道をたどり、雪降る中をようやく到着した。

雪が一面をおおい、荒涼たる風景であったが、一行の人々の心は、熱く燃えている。阿騎野は、かつて軽皇子の祖父天武《てんむ》天皇（大海人《おおあま》皇子）が、一世一代の勝負をかけて、吉野で兵を挙げ、美濃《みの》（岐阜県）から近江（滋賀県）へと出て、大友《おおとも》皇子を討った壬申《じんしん》の乱（六七二年）の際に通った地であり、父草壁《くさかべ》皇子がしばしば狩猟をされたゆかりの所でもあった。

その草壁皇子が夭折《ようせつ》してのち、軽皇子の即位を待つ祖母持統天皇の、権謀術数による凄惨《せいさん》な結果を見知っている一行の中の者たちにとって、彼ら自身が今、ここに「在る」ということに対する一種の感慨と、これから主上と仰ぐことになるであろう軽皇子と、旅の枕を一つにし、明朝はいよいよ狩りを共にすることができるということへの喜びと期待感――それらが入りまじって興奮となり、一行の血を燃やして、まんじりともさせない。

◆歌聖柿本人麻呂

阿騎の野《の》に　やどる旅人《たびびと》　うちなびき　寐《い》も寝《ね》らめやも　古《いにし》へ思ふに　（巻一・46）

右は、「軽皇子、宿于安騎野時《あきののにやどるときに》、柿本朝臣人麻呂作歌」の長歌に続く人麻呂の短歌の第一首目である。

阿騎野は西から南、さらに東にかけて西山、音羽山、経ケ塚山、熊ケ岳と連なる山々に囲まれるようにしてあり、そこから押し出された土が扇状に、北面に向かって大きく広がりながら平地をなしてゆく。

山々からのなだらかな小さな尾根が、そこかしこに張り出していて、その谷間が高い嶺からこの荒野に降りてくる獣にとっての道であり、また敵から姿を隠したりするのに、都合の良い場所であった。それはまた、狩りをする者の側からみれば猟場に適した場所となった。

現在では民家が建てこんできているが、大半はまだ田圃《たんぼ》である。近年、この田圃の下、五メートルほどの所から、飛鳥時代の苑池《えんち》状遺構や、掘立柱《ほったてばしら》建物などの住居跡が発見された。**中之庄《なかのしょう》遺跡**である。松源院から間近の所にある。

遺跡は、すでに「**阿騎野・人麻呂公園**」として復元建物や掘立柱建物の表示もされているが、早くから禁野であったことを思えば、宿泊施設としても十分うなずけるものである。一行のこの夜は、すすきや細竹や葦《あし》を寄せ集めての野宿であったように長歌にはあるが、こうしてみると軽皇子一行のうちでも、下部《しもべ》の者たちは野宿をし、高位の者は建物の中での宿りであったのであろう。

夜がいよいよ白み始める。

厳寒の中、一行が踏みしめている大地は、未だ暁闇《ぎょうあん》であるが、見上げる東の空は、うすの明るくなってきた。

その光景を人麻呂は、とうとうと詠《うた》い上げるのである。

ひむがしの　野にかぎろひの　立つ見えて　かへり見すれば　月傾《かたぶ》きぬ　（巻一・48）

古来「かぎろひ」の解釈は、いろいろである。

一般には光をさすようで、この歌の場合、早朝、遠く民家に上がる朝餉《あさげ》の火影とも取れようし、あるいは暑い日に、道路や野原でよく見られる、あのゆらめき立ちのぼる、陽炎《かげろう》とも受け取れる。

しかし、「ひむがしの」という、この語感の豊かさと、下二句の持つ広さとが相反応しあって、読む者をして雄大なスケールの中に巻き込んでしまう量感からすると、この「かぎろひ」は東天の光、曙光《しょこう》ということになりそうである。

ただし、これは平凡な曙光ではない。

なぜならば、ここ松源院では、冒頭で書いたような息をのむほどの光景に、何度か出会うことがあるからである。

日本地図を広げ、紀伊半島の背骨をなす高見山から大台ケ原《おおだいがはら》、吉野の山々を、はるか西方から眺めている様子を想像していただきたい。

時刻は日の出頃である。山脈の向こう側には、伊勢湾が広がる。

その伊勢湾から海水と地上との温度差の関係で、水蒸気が湧き起こり、それは陽炎のように、ゆらめきながら山脈の頂《いただき》を越え、天高く舞い上がるのである。

そこへ、はるか彼方（すなわち東方）からの旭光《きょっこう》が差し込まれると、陽炎状の水蒸気は赤く染め出されることになる。

季節、天候、時間、その他の複雑な要因が重なりあってのことであるが、山稜上の朝焼けのような空が、こちら側（西方）から、時には燃える陽炎のように、時には炎のようになって、見る者の眼を打つ。

冬のよく晴れ上がった、気温が冷え込んだ時ほど、その色あいは鮮明である。

旧暦の十一月十七日、阿騎野において、人麻呂はかかる壮大な光景を見たのであろう。そして、ふと振り返ると、反対側の西山の上に、月が傾いていたのである。

人麻呂は天地自然の壮観を詠い上げたが、さらに悠久の宇宙の中に巣喰う、陽炎の如き無常というものをも、見つめているようである。

この重層性が一首をより味わい深いものとしている。暁《あかつき》の紅天は生まれたばかりの赤子の、傾く月は老から死への象徴であろう。

振り向いて見れば、人の生のなんとも早く過ぎ去ることか。

人麻呂は天武、持統両帝に仕えた。両帝を中心とした血なまぐさい政争によって、思いかけもなく、突然に生を断たれた者の、なんと多いことか。彼らにとって短い生は、何であったのであろう。

軽皇子の父草壁皇子は、嘱望《しょくぼう》されながら夭折《ようせつ》した。

今はにおいたつような軽皇子も、一か所にとどまることを知らぬ、光の奔流《ほんりゅう》に似る。すべてが「陽炎」そのもの。

しかしながら、人麻呂はこの一連の短歌の掉尾《とうび》に、さればこそ雄々しく生きようではないか、と高らかに呼びかけるのである。

日並知《ひなみし》の　皇子《みこ》の命《みこと》の　馬並《な》めて　御《み》猟り立たしし　時は来むかふ

（巻一・49）

八　幻想の「螢能《ほたるのう》」

◆数寄《すき》の世界に遊んだ織田信雄《のぶかつ》

小さな川の流れが音だけの闇である。そこに真綿《まわた》のようなぼんやりした白いものが、スーッと光を増して、青白い燐火《りんか》のようになっては消え、消えては光る。螢はあの世からさ迷い出た人の魂のようである。

また仄《ほの》かな光を発しながら、熱を出さぬところは、心の奥底に秘めた情念を象徴するものとして、古来より歌に謳《うた》われた。

もの思へば沢の螢もわが身より　あくがれ出づる魂《たま》かとぞ見る

と和泉式部《いずみしきぶ》は詠んだが、螢火は恋の焔《ほむら》である。このような暗示に富む螢の名を薪能《たきぎのう》に冠して大宇陀では「螢能」とよぶ能が行われている。毎年六月の中旬、松源院のすぐ下手にある阿紀《あき》神社で、「あきの薪能保存会」主催による「螢能」が催される。

大宇陀の地で薪能が行われるようになったのは、江戸初期、織田信長の次男**織田信雄**《のぶかつ》が、阿騎野一帯を合む宇陀《うだ》の**松山藩**の領主となってからである。

天正十年（一五八二）、本能寺《ほうのうじ》の変後、信雄はいったんは天下をうかがいながらも、かつての家来筋にあたる豊臣秀吉《ひでよし》の軍門に下り、入道して常真《じょうしん》と号し、秀吉の御伽衆《おとぎしゅう》となっている。この彼我《ひが》の主従の地位の逆転は、天国と地獄さながらである。

信雄は絶望の淵にあって、死への道こそ選ばなかったが、現世に対する強い諦念《ていねん》を懐《いだ》いたにちがいない。父信長が好んだ「人間五十年　下天《げてん》のうちを比《くら》ぶれば　夢まぼろしの如くなり」という幸若舞《こうわかまい》の一節が胸中つねに去来していても不思議ではなく、このうえは「夢まぼろし」を生きようと覚悟したのではなかったか。

徳川家康《いえやす》の覇権《はけん》が成立した元和偃武《げんなえんぶ》（一六一五～二四年）、信雄は家康より宇陀の地三万千二百石と上州（群馬県）の小幡藩二万石、計五万千二百石を与えられる。ここが信雄最後の領地となった。このとき信雄五十八歳、藩主の館として阿騎野の長山の麓に広大な長山御殿を作らせたが、自身はこの地に赴任することはなかった。京都の北野《きたの》に住んだのである。

以後、信雄は表舞台にあらわれることなく、茶の湯や能の数寄《すき》の世界に遊んだ。

その家風は直接的ではなかったものの、宇陀松山藩の城下町にも受け継がれる。お上《かみ》の好むところ、自ずと下の者にも伝わるのである。

◆「螢能」の復活

そのひとつが能である。ところが、元禄八年（一六九五）、織田松山藩は、四代八十年で丹波の柏原《かいばら》（兵庫県）に移封《いほう》されてしまう。国替《くにがえ》というものは家臣団はむろん、家財道具一切合切、井桁《いげた》までも根こそぎ持ってゆくほど完膚《かんぷ》なきものだそうだが、かろうじて能が民間に伝承されていた。しかし、それも大正年間には廃《すた》れてしまっている。したがって今日この地からは、信雄《のぶかつ》が体した桃山慶長《ももやまけいちょう》文化の香りはほとんど嗅ぐことはできない。

それが近年になって、「螢能」として復活され、信雄の時代を彷彿《ほうふつ》させてくれるのである。

螢能の行われる阿紀神社は、元伊勢といわれるほどに古い社《やしろ》である。境内はさほど広くはなく素朴さが漂《ただよ》う。建物は小さいながら伊勢神宮と同じ様式で、周囲には樹齢数百年の杉木立があって、神が鎮《しず》まる。大衆は境内中央の能舞台を取り巻くが、正面にあたるところの社務所の一角が桟敷《さじき》となり、かつては藩主や貴顕人が席を連ねたのであろう。

パチパチと音をたてて薪《たきぎ》が燃え始め、火の粉が夜に散るさまは美しい。やがて篝火《かがりび》に豪華

「螢能」（阿紀神社境内）　2004年の演目は「鉄輪《かなわ》」

絢爛《けんらん》な能衣装を鈍く光らせながら、能「杜若《かきつばた》」が始まる。

物着《ものぎ》のところで、篝火がいっせいに消され、すべてが闇の中に入って境内のざわめきが一瞬静まったとき、舞台で用意された何百匹もの螢が放たれる。あっ、と息をのむ声が、すぐ口々の興奮の声に変わって湧き上がるなかを、螢は妖《あや》しい光を引きながら、人々の頭上を飛び交い、やがて高く舞いながらあるものは樹々にとまり、あるものは闇のとばりのなかへ吸い込まれていく……。

篝火が再び燃えさかりはじめ、人々は元の世界に引き戻され、能は続けられる。

……とりわきこの八橋や。三河の水の底ひなく。契りし人々の数々に。名をかへ品をかへて。人待つ女。物病玉簾《ものやみたますだれ》の。光も乱れて飛ぶ螢の。雲の上まで行くべくは。秋風吹くと。仮に現れ衆生済度の我ぞとは知るや否や世の人の……

能のもつ幽玄性と螢がもたらす夢幻性は、人々の心のなかに幾重もの物語を紡《つむ》ぎだして、いま生きていることの苦しみや哀しみを照射し、それを救う神仏の姿をも垣間《かいま》みせてくれるようである。

能が終わると、帰路、人々は社《やしろ》の横を流れる小川の岸辺を舞う螢に、まためた息とも歓声ともつかぬ声をあげるのであったが、はるかな遠い闇の世界から、螢火に託された信雄の声を聞き得ているのであろうか。信雄も、彼の生きた時代も、そして今自分たちが生きているこの世のことも、すべてが「夢まぼろし」であるということを。

初出一覧

一　禅との出会い
書きおろし

二　禅をたどる

[一]　禅の源流―釈尊
「五家七宗提唱」（『桃夭』第十一号、二〇〇二年十一月、桃夭会）

[二]　禅宗の成立―菩提達磨の出現
「五家七宗提唱」その二（『桃夭』第十二号、二〇〇三年十一月、桃夭会）

[三]　六祖慧能の誕生

「五家七宗提唱」その三（『桃夭』第十三号、二〇〇四年十一月、桃夭会）

[四]　日本での展開―応燈関一流の禅

書きおろし

[五]　臘八大接心という厳しい修行
「臘八大接心」（『淡交』一九九九年十二月号、淡交社）

三　禅と茶の湯と香

[一]　茶道の稽古は坐禅なり
「十年帰ることを得ざれば来時の道を忘却す」（『淡交』二〇〇三年八月号、淡交社）

二 能と茶の湯―禅との深い関わり
「能と茶道―禅」（『禅文化』一七六号、二〇〇〇年四月、禅文化研究所）
三 一休禅師と茶の湯開山村田珠光の出会い
「一休禅師と茶の湯開山村田珠光の出合は実際にあったのか」
（『東美ニュース』三十号、二〇〇二年五月、東京美術商協同組合）
四 香風の世界
「香風」（『東美ニュース』三十一号、二〇〇二年九月、東京美術商協同組合）

四 美にひたる

一 美の巡礼―ガンダーラ仏
「美の巡礼　ガンダーラ仏」（『禅文化』一八七号、二〇〇三年一月、禅文化研究所）
二 パルテノンと唐招提寺
「パルテノンと唐招提寺」（『淡交』二〇〇〇年十二月号、淡交社）
三 村上華岳の「夜摩天」
「村上華岳『夜摩天』」（『禅文化』一七二号、一九九九年四月、禅文化研究所）
四 フェルメール「青いターバンの少女」の世界
「青いターバンの少女」（『オクソン』二〇〇一年新春号、ステーキオクソン）
五 驚異の漆器
「驚異の漆器」（『東美ニュース』三十三号、二〇〇三年五月、東京美術商協同組合）
六 欠落の楽しみ
「欠落の楽しみ」（『東美ニュース』二十九号、二〇〇二年一月、東京美術商協同組合）

五　わが庵

一　壺中の天—桃源郷
「壺中の天」（『淡交』一九九九年十月号、淡交社）

二　松源院の再興
「大徳寺五祖松源院開祖春浦宗熈の禅境」（『淡交』一九九九年十一月号、淡交社）

三　柿の蔕茶碗
「柿の蔕茶碗」（『淡交』二〇〇〇年十月号、淡交社）

四　茅葺屋根とステンドグラス
「茅葺屋根と宝石の小箱」（『禅文化』一七八号、二〇〇〇年十月、禅文化研究所）

五　高校生の坐禅会
書きおろし

六　あかきくちびる
「あかきくちびる」（『淡交』二〇〇〇年二月号、淡交社）

七　かぎろひ
「かぎろひ」（『淡交』一九九九年九月号、淡交社）

八　幻想の「螢能」
「螢能」（『淡交』二〇〇〇年八月号、淡交社）

●著者紹介

泉田　宗健（いずみだ　そうけん）

一九四二年、新潟県生まれ。道号は玉堂、法諱は宗健。室号凌雲室。早稲田大学卒業後、京都・大徳寺の立花大亀老師につき出家。大徳僧堂の中村祖順老師に参じ、次いで愛知県犬山市の瑞泉僧堂の松田正道老師につき印可証明を受ける。一九九三（平成五）年より、奈良県大宇陀在の大徳寺松源院に住す。裏千家学園茶道専門学校講師。おもな著書に『茶席の禅語大辞典』（共著、淡交社）のほか、禅・茶道・日本美術に関する多数の小論・エッセイを雑誌に掲載している。また、全国各地で禅の心を求めている多くの人々のために提唱（講座）を続けている。

●資料提供・協力者（敬称略・五十音順）

秋田県埋蔵文化財センター・大宇陀高校・大宇陀町・大宇陀町教育委員会・京都国立近代美術館・倉本悠子・聖林寺・ステーキオクソン・禅文化研究所・田中雅信・淡交社・筒井紘一・東京美術商協同組合・唐招提寺・桃夭会・名古屋ボストン美術館・平山郁夫シルクロード美術館・藤田一男・ボストン美術館・堀牧子・マウリッツハイス美術館・前田たつひこ・前田直美・森田真示・山口富久子・米川忠臣・ルーブル美術館

無へ
—禅・美・茶のこころ—

二〇〇五年二月一〇日　第一刷印刷
二〇〇五年二月二〇日　第一刷発行

著　者　泉田宗健
発行者　益井英博
印刷所　株式会社　天理時報社
発行所　株式会社　文英堂
東京都新宿区岩戸町一七　〒162-0832
電話　〇三(三二六九)四二三一(代)
振替　〇〇一七〇-三-八二四三八
京都市南区上鳥羽大物町二八　〒600-8691
電話　〇七五(六七一)三一六一(代)
振替　〇一〇一〇-一-六八二四